deutsch.punkt 4

Arbeitsheft für die 8. Klasse

Erarbeitet von
Birgit Agethen
Jutta Biesemann
Kristin Locker
Stefan Schäfer
Christa Schürmann

Ernst Klett Verlag
Stuttgart · Leipzig

1

Passt der Job?

1 Schätze deine beruflichen Interessen ein. Kreuze dafür bei allen Gegensatzpaaren an, wie du später gerne arbeiten würdest.

Ich würde gerne … arbeiten.								
draußen	– 3	– 2	– 1	0	+ 1	+ 2	+ 3	drinnen
selbstständig	– 3	– 2	– 1	0	+ 1	+ 2	+ 3	im Team
mit Worten	– 3	– 2	– 1	0	+ 1	+ 2	+ 3	mit Zahlen
nach Plan, Vorgabe	– 3	– 2	– 1	0	+ 1	+ 2	+ 3	kreativ, frei
mit Menschen	– 3	– 2	– 1	0	+ 1	+ 2	+ 3	mit Maschinen
mit dem Kopf	– 3	– 2	– 1	0	+ 1	+ 2	+ 3	mit der Hand

2 Sieh dir noch einmal die Gegensatzpaare in Aufgabe 1 an. Markiere zwei Merkmale, die dein künftiger Beruf auf jeden Fall haben sollte, grün. Markiere zwei Merkmale, die dein späterer Beruf auf keinen Fall haben sollte, rot.

3 Fasse deine Erkenntnisse aus den Aufgaben 1 und 2 in wenigen Sätzen schriftlich zusammen. Du kannst dich am Text von Paul orientieren.

Paul: Ich möchte gerne draußen und mit den Händen arbeiten. Obwohl ich gerne mit anderen Menschen zusammen bin, möchte ich viel selbstständig arbeiten können. Am besten wäre es für mich, wenn ich in meinem Beruf nicht so viel mit Zahlen und Rechnen zu tun hätte.

4 Lies den folgenden Text. Prüfe, ob der Beruf des Gärtners zu Pauls Interessen aus Aufgabe 3 passt. Fülle dazu die Tabelle aus. Belege deine Aussage mit Textstellen.

→ Merke 114

Gärtner/in – Garten- und Landschaftsbau

Gärtner/innen der Fachrichtung Garten- und Landschaftsbau gestalten die Umwelt nach Plänen von Landschaftsarchitekten und -architektinnen: Sie bauen, pflegen, sanieren und pflanzen Außenanlagen, insbesondere Grünanlagen aller Art. […]

In Gärten und Parks pflegen sie Wege, Teiche und Brunnen, gestalten und bepflanzen Grünflächen, z.B. mit englischem Rasen oder einer Blumenwiese, oder legen Blumenbeete an. Nach zentimetergenauem Aufmaß und mithilfe von Spezialmaschinen bauen sie Wege, Treppen und Trockenmauern, Spiel- und Bolzplätze, Trimmpfade und Campingplätze oder Spielbahnen für Golfplätze. Je nach Erfordernissen tragen sie Schutzkleidung wie Handschuhe, Schutzhelm, Ohrenschützer und Sicherheitsschuhe. Mit Erdarbeiten und Mauerbau kennen sie sich ebenso aus wie mit Bäumen und Blumen. […]

Bevor es ans Begrünen geht, planen sie die Anlagen genau. Bei größeren Bauprojekten organisieren sie die Baustelle, disponieren Baugeräte und Materialien und bestellen die benötigten Baustoffe. Gärtner/innen der Fachrichtung Garten- und Landschaftsbau richten Baustellen ein, messen und grenzen Bearbeitungsflächen nach Zeichnungen und Plänen ab. Dann graben sie beispielsweise Bäume, Stauden und andere Pflanzen aus, schlagen die Wurzelballen ein und lagern sie, damit sie später in der neuen Anlage wieder angepflanzt werden können. Sie fällen Bäume und roden Baumstümpfe, planieren Flächen, bearbeiten, pflegen und sanieren Böden. Für eine optimale Bewässerung installieren sie ggf. eine Beregnungs- bzw. Bewässerungsanlage, die halb- oder vollautomatisch die Gartenbewässerung übernimmt.

Solche Anlagen warten die Gärtner/innen auch selbst, um sie betriebsbereit zu halten. Schließlich pflanzen sie Gehölze, Stauden und Blumen. Sie wissen, welche Sträucher oder Blumen an welchem Standort am besten gedeihen und können giftige von ungiftigen Pflanzen unterscheiden. […]

Merkmal	☺	☹	Beispiel aus dem Text
oft draußen arbeiten	X		„Sie bauen, pflegen, sanieren und pflanzen Außenanlagen" (Zeile 2–3)
viel mit den Händen arbeiten			
keine Zahlen			
kein Rechnen			

5 EXTRA Zu einem Merkmal, das Paul in seinem Text auf der linken Seite nennt, gibt es im Text oben keine klare Angabe. Benenne, was Paul bei seiner Entscheidung für oder gegen den Ausbildungsberuf Gärtner noch genauer in Erfahrung bringen müsste.

Gibt es überhaupt Ausbildungsplätze?

1 Sieh dir das Diagramm und die Tabelle an. Kreuze anschließend an, welche Aussagen zutreffen und welche nicht.

Entwicklung von Berufsausbildungsstellen und Bewerbern für Berufsausbildungsstellen

* Ein Berichtsjahr umfasst jeweils den Berichtszeitraum vom 1. Oktober bis Ende September des Folgejahres.
** Ab 2008/09 inkl. der von den zugelassenen kommunalen Trägern gemeldeten Bewerber.

Berufsausbildungsstellenbewerber	2013/14	2012/13	2011/12
Bewerber für Berufsausbildungsstellen	559.431	561.168	561.783
Versorgte Bewerber	538.559	540.134	546.146
Unversorgte Bewerber	20.872	21.034	15.637

Quelle: Bundesagentur für Arbeit

Aussagen über das Diagramm und die Tabelle	richtig	falsch
a) Zwischen 2004/05 und 2013/14 gab es mehr Bewerber als gemeldete Berufsausbildungsstellen.		
b) Im Jahr 2010/11 war die Differenz zwischen Bewerbern und gemeldeten Berufsausbildungsstellen am geringsten.		
c) Die Zahl der gemeldeten Berufsausbildungsstellen ist seit 2004/05 stark gestiegen.		
d) Im Jahr 2013/14 gab es etwas mehr gemeldete Berufsausbildungsstellen als 2004/05, aber deutlich weniger Bewerber.		
e) Im Jahr 2013/14 gab es im Vergleich zum Jahr 2012/13 weniger unversorgte Bewerber.		

2 Korrigiere die falschen Aussagen aus der Tabelle in Aufgabe 1.

3 Verfasse einen Informationstext über Berufsausbildungsstellen. Nutze die Informationen aus Aufgabe 1. Formuliere einen Einleitungssatz, in dem du das Thema und die Quellen der Informationen angibst.

4 Schreibe den Hauptteil deines Informationstextes. Nenne darin wichtige oder aufschlussreiche Einzelheiten oder fasse die Informationen kurz zusammen.

5 Welches Ergebnis liefern die Materialien? Gehe darauf ein, was die Informationen aus dem Diagramm und der Tabelle für Bewerber um eine Ausbildungsstelle bedeuten.

Auf ins Praktikum!

Wenn du die Textblöcke richtig angeordnet hast, ergibt sich ein Lösungswort.

1 Lies die folgende Stellenanzeige. Ordne anschließend Miriams Bewerbung für den Praktikumsplatz. Notiere dazu die Buchstaben hinter den Textblöcken in der richtigen Reihenfolge.

Das Lösungswort heißt: ______________________________

Radio Köln sucht

Schüler/innen für ein zweiwöchiges Praktikum.

Interessiert dich, wie die Recherche und das Aufarbeiten aktueller Themen funktioniert, wie unsere Moderatoren bei Außenterminen arbeiten oder wie Straßenumfragen mit Passanten gemacht werden? Dann bewirb dich bei uns!

Uns ist wichtig, dass du kreativ, kontaktfreudig und flexibel bist und eine angenehme Stimme hast.

Senden deine Bewerbung und deinen Lebenslauf an folgende Anschrift:
Radio Köln, Frau Wedekin, Schanzenstraße 28, 51063 Köln.

Sieh noch einmal im Schülerbuch auf Seite 24/25 nach.

Derzeit besuche ich die 8. Klasse der Heinrich-Böll-Schule. Schon seit zwei Jahren interessiere ich mich für alle Themen rund um den Journalismus. Ich arbeite deshalb auch an der Schüler/innen-Zeitung unserer Schule aktiv mit und schreibe eigene Beiträge. – F

Eines meiner Lieblingsfächer ist Deutsch, was sich auch in meinen sehr guten Noten in diesem Fach zeigt. Laut meiner Musiklehrerin habe ich eine angenehme und klare Stimme. Ich kann selbstständig und zielgerichtet arbeiten, engagiere mich aber auch gerne im Team. – L

Ich denke, dass mir ein Praktikum bei Ihrem Sender helfen kann, die verschiedenen Tätigkeitsbereiche eines Radiomoderators kennenzulernen. Über eine Einladung zu einem Vorstellungsgespräch würde ich mich sehr freuen. – G

In unserer Schul-AG „Medien" haben wir uns gründlich mit dem Thema Radio beschäftigt und dort auch schon eine zweistündige Sendung produziert. Seither steht mein Traumberuf fest: Radiomoderatorin. – O

Mit freundlichen Grüßen

Miriam Schultheiß

Anlagen – E

Ihre Anzeige im „Kölner Stadt-Anzeiger" habe ich mit großer Aufmerksamkeit gelesen. Die Möglichkeit, Ihren Sender und die Aufgaben von Moderatoren kennenzulernen, hat mich sehr angesprochen. – E

Deshalb bewerbe ich mich für den angebotenen Praktikumsplatz im Zeitraum zwischen dem 16. und 27. November. – R

2 Gestalte den Briefkopf für Miriams Bewerbung. Denke an den Absender und das Datum. Formuliere auch eine Betreffzeile. Verwende die Informationen aus Aufgabe 1 und deine eigenen Adressdaten.

Miriam Schultheiß

3 Gestalte einen Lebenslauf für Miriam, der zu der Stellenausschreibung passt. Nutze die Ergebnisse aus den Aufgaben 1 und 2. Verwende bei fehlenden Informationen deine eigenen Daten.

Sieh noch einmal im Schülerbuch auf Seite 26/27 nach.

Lebenslauf

Miriam Schultheiß

Wofür arbeiten?

1 Lies den folgenden Text. Kreuze anschließend an, welche Aussagen im Text vorkommen und welche nicht.

Karriere- und Lebensziele Auszubildender in Deutschland

Die Entscheidung junger Menschen für einen bestimmten Ausbildungsgang im beruflichen Bildungssystem ist verknüpft mit einer Reihe von Karriere- und Lebenszielen. [...]

Die drei wichtigsten Karriere- und Lebensziele, die von über 90 Prozent der Schüler/-innen benannt wurden, liegen im Bereich der persönlichen Erfüllung (93%), Arbeitsplatzsicherheit (93%) und Kollegialität (91%). Weibliche und männliche Auszubildende nennen diese drei Ziele in der gleichen Reihenfolge [...], wobei sie bei weiblichen Befragten signifikant[1] häufiger Zustimmung erfahren. Auffällig ist weiter, dass der Wunsch nach einem hohen Einkommen nicht unter den ersten drei Karriere- und Lebenszielen erscheint. Zwar wird dieses Ziel von der überwiegenden Mehrheit der Befragten genannt (82%), doch sind ihnen die drei zuvor genannten Kriterien sichtbar wichtiger. Am unteren Ende der Liste steht der Erwerb eines hohen gesellschaftlichen Ansehens. Nur für rund die Hälfte der Befragten (49%) ist dies ein erstrebenswertes Karriere- und Lebensziel.

Neben dem Geschlecht spielt auch das Niveau der vorausgehenden allgemeinen Schulbildung eine entscheidende Rolle für die artikulierten[2] Karriere- und Lebensziele. So zeigt sich, dass das am häufigsten angestrebte Ziel „persönliches Glück“ mit abnehmender allgemeiner Schulbildung an Bedeutung verliert. Während Auszubildende ohne vorausgehenden Schulabschluss zu 83 Prozent nach einem Beruf streben, der sie glücklich macht, ist der vergleichbare Anteil bei Jugendlichen mit Hauptschulabschluss (90%), Realschulabschluss (93%) und (Fach-)Hochschulreife (95%) deutlich höher. Ähnliche Unterschiede lassen sich für den Wunsch nach einem sicheren Arbeitsplatz und nach einem guten Verhältnis zur Belegschaft nachweisen. [...]

1 deutlich, markant
2 genannt

Aussagen im Text „Karriere- und Lebensziele Auszubildender in Deutschland“	richtig	falsch
a) Der Wunsch nach einem hohen Einkommen steht unter den Karriere- und Lebenszielen der Auszubildenden ganz weit oben.		
b) Nur für rund die Hälfte der Befragten ist gesellschaftliches Ansehen ein erstrebenswertes Karriere- und Lebensziel.		
c) Nur das Geschlecht spielt eine entscheidende Rolle für die genannten Karriere- und Lebensziele.		
d) Je höher der Schulabschluss der Befragten ist, desto häufiger wird ein möglichst hohes Einkommen angestrebt.		

2 Ergänze die Tabelle mit Informationen aus dem Text zu Aufgabe 1.

Ich strebe danach, ...	ohne Abschluss	Hauptschulabschluss	Realschulabschluss	Hochschulreife
einen Beruf zu haben, der mich glücklich macht.				

3 Fasse das Ergebnis aus der Tabelle in eigenen Worten zusammen.

4 Sieh dir die folgende Tabelle an. Markiere alle Zahlen, die sowohl im Text als auch in der Tabelle vorkommen. Verwende für jede Zahl eine unterschiedliche Farbe.

Frage: Inwieweit stimmen Sie den folgenden Aussagen zu? Gezählte Antworten 1 und 2 auf einer Skala von 1 „voll und ganz" bis 5 „gar nicht".

Ausgewählte Karriere- und Lebensziele von Schüler/-innen in berufsbildenden Schulen nach Geschlecht	Alle	darunter	
Ich strebe danach ...		Männlich	Weiblich
einen Beruf zu haben, der mich glücklich macht.	93 %	91 %	95 %
einen sicheren Arbeitsplatz zu haben.	93 %	91 %	95 %
ein gutes Verhältnis zu meinen Arbeitskollegen und -kolleginnen zu haben.	91 %	89 %	94 %
ein möglichst hohes Einkommen zu erzielen.	82 %	85 %	79 %
ein hohes Ansehen in der Gesellschaft zu erwerben.	49 %	51 %	47 %

Quelle: Bundesinstitut für Berufsbildung n = 5.377

5 EXTRA Verfasse einen kurzen Informationstext zu der Tabelle „Ausgewählte Karriere- und Lebensziele von Schüler/-innen in berufsbildenden Schulen nach Geschlecht".

Castings hin oder her

1 Lies den Textauszug aus dem Theaterstück „Creeps". Nenne die vorkommenden Figuren. Schreibe in Stichpunkten auf, wie sie jeweils auf dich wirken.

Maren: unsicher,

Lutz Hübner

Creeps

„Creeps" ist der Titel einer neuen Castingshow für Jugendliche, für deren Moderation sich junge Frauen (16 und 17 Jahre alt) mit Videoclips bewerben konnten. Drei Mädchen wurden zu einem Casting eingeladen. Petra kommt zuerst ins Studio, wird dort aber von niemandem empfangen und erkennt nur an einem „Creeps"-Graffiti, dass sie richtig ist.

Maren erscheint in der Tür, stutzt, sieht auf das Türschild.

Maren Bin ich hier richtig wegen der Sendung Creeps?

Petra Ja klar.

Sie zeigt auf das Graffiti.

Guck mal, habe ich auch eben erst gesehen, echt typisch. Aber es sagt einem ja auch keiner was. Egal. Ist ja auch noch nicht ganz halb, okay. Also ich bin Petra, hallo, ja. Komm rein, sag ich jetzt einfach mal so.

Maren kommt herein.

Maren Hallo.

Petra Klingt jetzt vielleicht blöd, aber, bist du der Studiogast oder so? Ich bin nämlich das erste Mal da. Also eigentlich gerade erst angekommen, ich mein nur, weil du dich auch nicht auskennst.

Maren Ich bin Moderatorin.

Petra Echt?

Sie gibt ihr die Hand.

Oh Mann, das ist alles so spannend. Ich auch, weißt du?

Maren Und was machst du?

Petra zeigt auf das Graffiti.

Petra Na, Creeps.

Maren Das mach ich.

Stille.

Petra Also, die haben bei mir angerufen und so.

Maren Bei mir auch.

Petra Das wusste ich nicht.

Maren Ich auch nicht.

Petra Vielleicht machen wir das ja zusammen oder so. Gibt's ja öfters.

Maren Ich weiß nicht, was sie dir gesagt haben.

Petra Da kommt ja bestimmt gleich jemand.

Maren Aber du hast auch ein Videoband geschickt.

Petra Ja klar.

Lilly kommt herein.

Maren Guten Tag. Hallo, ich bin Maren Terbuyken, wir haben da gerade ein Problem. Wir sind wegen der Moderation da …

Lilly Na? Habt ihr auch eine message gekriegt?

Maren Ich wurde angerufen.

Lilly „Du bist es! Du! Du! Du! Ganz fette Glückwünsche von uns allen und bis bald."

Maren *irritiert* Ja, genau, jetzt sieht es aber so aus, als ob …

Lilly Genau das haben die mir auch gesagt. Regt euch ab, ich gehöre nicht zu dem Laden.

Petra Versteh ich nicht.

Lilly setzt sich.

Lilly Das hier ist ein Casting.

Petra Aber ich hab doch eine Zusage gekriegt, das ist Fakt.

Lilly Das ist eine Endauswahl. Haben

die euch das in der Verwaltung nicht gesagt? Klar nicht, echte Wichser. Ich hab die gefragt. Ich hab mir schon gedacht, dass da irgendein Haken bei ist, war zu einfach, so geht das nicht. Na okay.

Maren Was heißt denn das?
Lilly Ist doch nicht so schwer. Eine von uns dreien wird es. Falls nicht noch mehr kommen. […]

2 Lies noch einmal die Regieanweisungen in dem Textausschnitt. Benenne, welche Informationen in Regieanweisungen vermittelt werden. Markiere weitere Textbeispiele. → Merke 115

1. die Anwesenheit der Figuren auf der Bühne, z. B. „Maren erscheint …"
2. ______
3. ______

3 Stell dir vor, du bist der Regisseur des Theaterstückes. Verfasse einen Regietext zu der Szene. → Merke 115

Auf der Bühne befinden sich ein Sofa, zwei Sessel und ein kleiner Tisch mit Snacks. An der Wand hängt der Schriftzug „Creeps". Petra ______

4 Sieh dir Lillys Figur noch einmal genauer an. Setze anschließend das Rollengespräch zwischen einem Spielleiter und Lilly fort.

Spielleiter: Hallo Lilly. Wie schön, dass du gekommen bist. Was hat dich hergeführt?
Lilly: ______

Spielleiter: ______
Lilly: ______

Spielleiter: ______
Lilly: ______

Und wie läuft das hier ab?

1 Lies die folgende Szene aus dem Theaterstück „Creeps". Markiere Informationen zu Lillys Figur, ihrem Verhalten, ihrem Charakter und Beziehung zu anderen in unterschiedlichen Farben.

Lilly Marie Teetz, 17 Jahre alt, schwarzes Kostüm, sehr schick, aber trendy, hohe Schuhe (Plateau), dezent geschminkt, Latextasche mit Noppen, Handytasche im Riemen eingearbeitet, MP3-Player.

Der Aufnahmeleiter Arno steuert das Geschehen aus dem Off (Offvoice = OV). Die Mädchen sollen sich zunächst in einem kurzen Clip selbst vorstellen. Maren weiß nicht, wie sie beginnen soll. Petra tanzt etwas und stellt sich dann vor. Als nächstes ist Lilly an der Reihe.

OV Okay Lilly, wir sind mächtig gespannt.

Sie geht nach vorne, setzt sich eine Sonnenbrille auf.

Lilly Wir können anfangen.

Okay, jetzt muss ich zeigen, was ich alles kann. Bloß nicht verhaspeln jetzt!

Das rote Licht leuchtet. Lilly zeigt auf die Kamera.

Lilly He du, ja du, ich rede mit dir. Leg die Fernbedienung weg. Du bist genau da, wo du hinwolltest. Du bist bei Creeps! Du wolltest doch in die high energy zone, wo du dir die Charts und die wirklich wichtigen News runterladen kannst. Dazu jede Menge Tipps, Tratsch und die Trends fürs aktuelle Millenium. Update for your brain. Creeps – denn ein einziger Wirkstoff genügt! Hör genau zu, wir sagen dir, wo es langgeht. Ich bin Lilly, merk dir mein Gesicht, und wenn du morgen in einen Club gehst und ich bin nicht da, dann weißt du, dass der Laden out ist. Lilly, merk dir den Namen.

Wir sortieren alles aus, was du nicht wissen musst. Wir zeigen dir die street und club wear, mit der du am schärfsten aussiehst, Lillys choice, darauf könnt ihr euch verlassen. Wenn du heute wissen willst, worüber die Szene morgen spricht, hör einfach zu. […]

OV Große Klasse, Lilly. Ruf! Mich! An! Kleiner Scherz, okay. Vielleicht noch ein paar facts über dich?

Lilly Wen interessiert denn das.

OV Der human touch, Lilly.

Lilly Mein erster Hamster hieß Henri, den hat mein Bruder im Klo runtergespült. Touchy enough?

OV Alles klar, Lilly.

Maren Ich würde es gern noch mal probieren.

OV Na klar, Maren. Wir machen ein Interview, alright?

Maren Okay.
OV Lilly, du hast die facts ja gehört. Maren ist dein erster Studiogast, mach doch mal einen talk, okay?
Lilly zögert.
OV Problems?
Lilly Könnte ich die Eckdaten noch mal haben, Maren? Ich hab nicht so genau zugehört.
OV Zuhören ist die halbe Show, Lilly. Wir werden eine Menge Gäste haben.
Lilly Ja, schon klar.
Petra Kann ich das machen?
OV Klar doch, Petra.
Lilly setzt sich. […]

2 Wie fühlt sich Lilly in dieser Situation? Lies noch einmal die Szene. Entwickle zu den Gedankenblasen jeweils einen Gedanken-Stopp. Verdeutliche darin Lillys innere Einstellung und Absicht in Form eines inneren Monologs.

→ Merke 115

3 Verfasse eine Rollenbiographie zu Lillys Figur. Nutze deine Ergebnisse aus Aufgabe 1. Schreibe in der Ich-Form. Gehe auch auf die folgenden Fragen ein.
- Was erwartest du von dem Casting?
- Welche Wünsche und Ängste hast du?
- Welche Wirkung hast du auf die anderen Teilnehmer?
- Welche Chancen rechnest du dir beim Vorsprechen aus?

Mein Name ist Lilly und ich bin 17 Jahre alt

4 Wie will Lilly die Jury von sich überzeugen? Deute ihren Auftritt und ihr Verhalten gegenüber Maren, Petra und der OV.

5 EXTRA Wähle jeweils eine Textstelle zu den beiden anderen Mädchen aus und entwickle dazu einen Gedanken-Stopp. Schreibe in dein Heft.

Das Interview

1 Lies die nächste Szene. Erstelle Randnotizen zur Sprechweise, Stimmung, Mimik und Gestik der Figuren. Nutze die Formulierungshilfen für szenische Darstellungen.

Formulierungshilfen für szenische Darstellungen

Sprechweise
- Sprechtempo: normal, schnell, hastig, langsam, träge, gedehnt, stockend, flüssig …
- Betonung: hell, dunkel, steigend, fallend …
- Lautstärke: laut, schreiend, leise, flüsternd …

Stimmung
- ärgerlich, erfreut, beruhigend, zornig, frech, überheblich, ängstlich, abweisend …

Körpersprache
- Mimik: fröhlich, finster, böse …
- Gestik: zeigen, küssen, abwehrend, …
- Körperhaltung: aufrecht, gebeugt, zusammengesunken, kniend …

Lilly sollte Maren interviewen, hat jedoch bei der Vorstellungsrunde nicht zugehört. Deswegen hat Petra die Rolle der Interviewerin übernommen. Lilly ist deshalb sauer.

Das rote Licht geht aus. […]

Lilly Petra, hör mal, halblang, ja? Das war eigentlich meine Runde. Ich weiß ja nicht, wie das bei euch da drüben läuft, aber so munter vordrängeln ist nicht. Wir können das auch auf die harte Tour machen.

Petra Du wolltest doch nicht.

Lilly Ich sollte das Interview machen.

Maren Also wenn du mir nicht zuhörst. Wenn du es nicht nötig hast, mir zuzuhören.

Lilly Ja, entschuldige, dass ich dir nicht fasziniert zugehört habe.

Maren Wir haben hier alle die gleichen Chancen. Das hier ist nicht nur dein Casting.

Lilly Dann hör auch auf, ständig zu fragen, ob du es noch mal machen darfst.

Sie schnipst.

Ich! Ich! Ich, Herr Lehrer.

Petra Ich habe mich überhaupt nicht vorgedrängelt.

Maren Jeder macht hier sein Ding.

Lilly Kommt immer drauf an, wie viel Raum er sich dafür nimmt.

Lillys Handy klingelt, sie geht ran.

Lilly Ja hallo … ich weiß nicht, ob ich das noch schaffe … schick mir die Nummer als

Lilly:
Sprechweise: ermahnend, nachdrücklich; spricht laut und schnell
Stimmung: ärgerlich
Körperhaltung: aufrecht

Petra:

SMS, ich stell jetzt ab … erzähl ich dir nachher … Ciao Ciao

Petra Ich hab mich nicht vorgedrängelt.

Maren Ist das jetzt schon entschieden?

Lilly hat inzwischen ihr Handy abgestellt, setzt sich zu den anderen.

Lilly Vergessen wir das, okay?

Petra Okay.

Lilly *zu Maren* Hey, versuch doch mal ein bisschen locker zu sein, okay?

Maren Ich bin locker. […]

2 Wie verläuft das Gespräch zwischen den Mädchen? Untersuche den Verlauf der Szene genauer. Ergänze dazu die folgende Tabelle. Nutze auch deine Ergebnisse aus Aufgabe 1.

Gesprächspartner	Gesprächsverlauf/-inhalte	Gesprächsabsicht/-erwartung	Beziehung
Petra, Lilly	Lilly erhebt Vorwürfe Petra gegenüber. Petra verteidigt sich.	Lilly will Petra zeigen, dass Petra zu Unrecht ihren Platz eingenommen hat. Petra verteidigt sich.	Konkurrenz, Neid, Missgunst
Maren, Lilly, Petra			
Lilly, Unbekannter am Telefon			

3 EXTRA Fasse deine Ergebnisse der Gesprächsanalyse schriftlich zusammen.

- Nenne in der Einleitung den Autor, Titel und die Textsorte und beschreibe kurz den Inhalt der Szene.
- Gehe im Hauptteil auf die Gesprächspartner, den Gesprächsverlauf und die Inhalte, die Gesprächsabsicht und die Beziehungen der Figuren zueinander ein.
- Fasse zum Schluss deine Ergebnisse noch einmal kurz zusammen.

Zickenalarm

1 Lies den Text. Entwickle anschließend ein Rollengespräch zu Petras Figur.

Drei Mädchen müssen im Verlaufe eines Castings unterschiedliche Aufgaben bewältigen. Die Stimmung wird zusehends gereizter. Nach einem Interview zwischen Lilly und Petra entsteht ein Streit, Maren bricht zusammen.

Maren geht nach draußen. Stille. Lilly setzt den Kopfhörer ab, packt den MP3-Player ein.
[…]

Petra Soll ich mal nach der gucken?
Lilly Was willst du denn machen?
Petra Weiß nicht.
Lilly Du hast echt eine soziale Ader, was?
Stille.
Petra Die braucht den Job wirklich.
Stille.
Lilly Und du?
Petra Was, ich?
Lilly Brauchst du den Job?
Petra Ich weiß nicht, ich hab halt gedacht, irgendwie hab ich nie dran geglaubt, ich will ja eigentlich nicht weg aus KM[1], aber so mal eine Zeit, ich hab ja 'ne Lehrstelle, bin ja auch heilfroh, die wäre dann ja weg, also so gesehen, aber dass man mal was erlebt, bevor es losgeht.
Lilly Was losgeht?
Petra Na ja, mit Konrad, das ist schon irgendwie fest, aber dass man mal rauskommt, ich wollte eigentlich Hotelfachfrau, da kommt man ja auch rum, aber ist schwer, das wollen alle, Bürokauffrau ist auch nicht schlecht, aber mal was anderes als Club Chaplin und Big Apple, obwohl das klasse ist mit der Clique, die sind alle in Ordnung, also geht die Welt nicht unter, wenn das nicht klappt, ich weiß auch nicht, ob ich mich im Westen wohl fühle, klingt blöd.
Stille.
Lilly Bei solchen wie mir.
Petra Nein, so meine ich das nicht.
Lilly Sag es ruhig.
Petra Ich weiß auch nicht, ich hab mir das alles, also wenn man das so sieht, da denke ich halt, das ist doch mal gut, so eine Weile raus, so leben, also nicht für immer, aber mal was anderes, mal eine eigene Wohnung, Zweiraum, mehr nicht, also von der Sache her mal so eine Zeit für sich. Ich weiß auch nicht.
Stille.
Lilly Ist doch noch alles drin, oder?
Petra Glaubst du?
Lilly Ich muss noch ein bisschen abschalten, ja?
Lilly holt ihren MP3-Player aus der Tasche.
Petra Die kommt nicht wieder.
Lilly Die kommt, und wenn sie den Kopf unterm Arm hat.
Lilly setzt den Kopfhörer auf. Petra nimmt sich ein Glas Wasser. Maren kommt wieder herein.

1 Karl-Marx-Stadt, früherer Name von Chemnitz

Spielleiter: Woher kommst du Petra?

Petra: Aus KM, also Chemnitz.

2 Charakterisiere Petra mithilfe deines Rollengesprächs aus Aufgabe 1. Deute ihre Aussagen, indem du die folgenden Fragen beantwortest.

- Warum hat sich Petra bei Creeps beworben?

- Was denkt sie jetzt über den Job?

3 Maren ist nach dem Streit zwischen den drei Mädchen aus dem Raum gegangen. Verfasse eine eigene Szene, die zeigt, was sie dort tut.

3

Was fällt dir eigentlich ein?

Federica de Cesco

Spaghetti für zwei

Heinz war bald vierzehn und fühlte sich sehr cool. In der Klasse und auf dem Fußballplatz hatte er das Sagen. Aber richtig schön würde das Leben erst werden, wenn er sein Töff[1] bekam und den Mädchen zeigen konnte, was für ein Kerl er war. Er mochte Monika, die Blonde mit den langen Haaren aus der Parallelklasse, und ärgerte sich über seine entzündeten Pickel [...]. Im Unterricht machte er gerne auf Verweigerung. Die Lehrer sollten bloß nicht auf den Gedanken kommen, dass er sich anstrengte. Mittags konnte er nicht nach Hause, weil der eine Bus zu früh, der andere zu spät abfuhr. So aß er im Selbstbedienungsrestaurant.

„Italienische Gemüsesuppe" stand im Menü. [...] Ein schwitzendes Fräulein schöpfte die Suppe aus einem dampfenden Topf. Heinz nickte zufrieden. Der Teller war ganz ordentlich voll. [...] Er setzte sich an einen freien Tisch[...]. Da merkte er, dass er den Löffel vergessen hatte. Heinz stand auf und holte sich einen. Als er zu seinem Tisch zurück stapfte, traute er seinen Augen nicht: Ein Schwarzer saß an seinem Platz und aß seelenruhig seine Gemüsesuppe!

Heinz stand mit seinem Löffel fassungslos da, bis ihn die Wut packte. Zum Teufel mit diesen Asylbewerben! Der kam irgendwo aus Uagadugu [...] und jetzt fiel ihm nichts Besseres ein, als ausgerechnet seine Gemüsesuppe zu verzehren! Schon möglich, dass sowas den afrikanischen Sitten entsprach, aber hierzulande war das eine bodenlose Unverschämtheit! Heinz öffnete den Mund, um diesem Menschen lautstark seine Meinung zu sagen, als ihm auffiel, dass die Leute ihn schon komisch ansahen. Heinz wurde rot. Er wollte nicht als Rassist gelten. Aber was nun?

Plötzlich fasste er einen Entschluss [...], zog einen Stuhl zurück und setzte sich dem Schwarzen gegenüber. Dieser hob den Kopf, blickte ihn kurz an und schlürfte dann ungestört die Suppe weiter. Heinz presste die Zähne zusammen, dass seine Kinnbacken schmerzten. Dann packte er energisch den Löffel, beugte sich über den Tisch und tauchte ihn in die Suppe. Der Schwarze hob abermals den Kopf. Sekundenlang starrten sie sich an. Heinz führte mit leicht zitternder Hand den Löffel zum Mund und tauchte ihn zum zweiten Mal in die Suppe. Seinen vollen Löffel in der Hand, fuhr der Schwarze fort, ihn stumm zu betrachten. Dann senkte er die Augen auf seinen Teller und aß weiter.

Eine Weile verging. Beide teilten sich die Suppe, ohne dass ein Wort fiel. Heinz versuchte nachzudenken. „Vielleicht hat der Mensch kein Geld, muss schon tagelang hungern. [...] Vielleicht würde ich mit leerem Magen ähnlich reagieren? Und Deutsch kann er anscheinend auch nicht. [...] Ist doch peinlich. Ich an seiner Stelle würde mich schämen. Ob Schwarze wohl rot werden können?" Das leichte Klirren des Löffels, den der Afrikaner in den leeren Teller legte, ließ Heinz die Augen heben. Der Schwarze hatte sich zurückgelehnt und sah ihn an. Heinz konnte seinen Blick nicht deuten. In seiner Verwirrung lehnte er sich ebenfalls zurück.

Schweißtropfen perlten auf seiner Oberlippe, sein Pulli juckte [...]. Er versuchte, den Schwarzen abzuschätzen. „Junger Kerl. Etwas älter als ich. Vielleicht sechzehn oder sogar schon achtzehn. Normal angezogen: Jeans, Pulli, Windjacke. Sieht eigentlich nicht aus wie ein Obdachloser. Immerhin, der hat meine halbe Suppe aufgegessen und sagt nicht einmal danke! Au Mann, ich hab noch Hunger!" Der Schwarze stand auf. Heinz blieb der Mund offen. [...] Da kam der Schwarze zurück. Er trug ein Tablett, auf dem ein großer Teller Spaghetti stand. [...]

1 Motorrad

1 Lies den Text. Welchen ersten Eindruck hast du von Heinz? Notiere drei Eigenschaften.

1. ____________ 2. ____________ 3. ____________

2 Markiere fünf Textstellen, die Heinz' Gefühle im Selbstbedienungsrestaurant verdeutlichen.

3 In welchem Verhalten äußern sich Heinz' Gefühle? Notiere weitere Beispiele. Gib die Zeile an, in der du das Beispiel gefunden hast.

→ Merke 118

Orientiere dich an der Beispielmarkierung.

1. „Heinz stand mit seinem Löffel fassungslos da […]“ (Zeile 16)
2. ____________
3. ____________

4 Kreuze an, welche der Adjektive auf Heinz zutreffen. Entscheide dich jeweils für einen der beiden Gegensätze. Trage die Zeile ein, mit der du deine Meinung belegen kannst.

1.	☐	bescheiden	☒	unbescheiden	Zeile 3
2.	☐	temperamentvoll	☐	zurückhaltend	Zeile ___
3.	☐	einfühlsam	☐	unsensibel	Zeile ___
4.	☐	großzügig	☐	geizig	Zeile ___

5 Ordne deine bisherigen Erkenntnisse über Heinz in die Tabelle ein. Ergänze auch Informationen über seine Lebensumstände und äußeren Merkmale.

Gefühle	Verhalten	äußere Merkmale	Lebensumstände
– fühlt sich cool			

6 Notiere, warum Heinz sein Gegenüber als Außenseiter wahrnimmt.

____

____

____

7 EXTRA Überlege, wie du an Heinz Stelle reagieren würdest. Schreibe dazu Stichworte in dein Heft.

Was will der denn hier?

1 Lies den Text. Unterstreiche die Textstellen zu Oskars äußeren Merkmalen gelb, Oskars Beziehungen zu anderen rot, Oskars Lebensumständen blau und Oskars inneren Merkmalen grün.

Günter Grass

Die Blechtrommel

Der sechsjährige Oskar Matzerath mit dem Aussehen eines Dreijährigen erlebt seinen ersten Schultag. Neben seiner geringen Körpergröße zeichnen Oskar zwei weitere Sonderheiten vor seinen gleichaltrigen Mitschülern aus: Er beherrscht die Kunst des ‚Glaszersingens' und ist ein leidenschaftlicher Blechtrommler. Will ihm jemand sein Instrument streitig machen, zersingt er zur Selbstverteidigung Gläser aller Art. So ist die rotweiße Trommel sein ständiger Begleiter, auch an seinem ersten Schultag.

Mama führte mich monumentale, für Riesen geschlagene Treppen hoch, durch hallende Korridore in einen Raum, über dessen Tür ein Schildchen mit der Aufschrift la hing. Der Raum war voller Knaben in meinem Alter. Die Mütter der Knaben drückten sich an die Wand gegenüber der Fensterfront und hielten die traditionellen spitzbunten, oben mit Seidenpapier verschlossenen, mich überragenden Tüten für den ersten Schultag hinter verschränkten Armen. Mama trug auch solch eine Tüte bei sich.

Als ich an ihrer Hand eintrat, lachten das Volk und gleichfalls des Volkes Mütter. Einem dicklichen Knaben, der mir auf meine Trommel pauken wollte, mußte ich, um nicht Glas zersingen zu müssen, mehrmals gegen das Schienbein treten, woraufhin der Bengel umfiel, mit der Frisur gegen eine Schulbank schlug, weshalb ich von Mama eins auf den Hinterkopf bekam. Der Bengel schrie.

Natürlich schrie ich nicht, denn ich schrie nur, wenn man mir meine Trommel wegnehmen wollte.

Mama, der dieser Auftritt vor den anderen Müttern peinlich war, schob mich in die erste Bank der Bankabteilung neben den Fenstern. Selbstverständlich war die Bank zu groß. Doch weiter nach hinten hin, wo das Volk immer gröber und sommersprossiger wurde, waren die Bänke noch größer.

Ich gab mich zufrieden, saß ruhig, weil ich keinerlei Grund zur Beunruhigung hatte. Mama, die mir immer noch verlegen zu sein schien, drückte sich zwischen die anderen Mütter. Wahrscheinlich schämte sie sich meiner sogenannten Zurückgebliebenheit wegen vor ihren Artgenossinnen. Die taten, als wenn sie Grund gehabt hätten, auf ihre, für mein Gefühl viel zu schnell gewachsenen Lümmel stolz zu sein.

Ich konnte nicht aus dem Fenster auf die Fröbelwiese blicken, da mir die Höhe des Fensterbordes genauso wenig angemessen war wie die Größe der Schulbank. […]

Durch eine infame Architektur um einen lohnenden Ausblick gebracht, schaute ich mir nur noch den Himmel an und fand schließlich darin Genüge. Immer neue Wolken wanderten von Nordwest nach Südost aus, als hätte jene Richtung den Wolken etwas Besonderes zu bieten gehabt. Meine Trommel, die bisher keinen Schlag lang ans Auswandern gedacht hatte, klemmte ich mir zwischen die Knie und das Fach der Schulbank. Die für den Rücken bestimmte Lehne schützte Oskars Hinterkopf. Hinter mir schnatterten, brüllten, lachten, weinten und tobten meine sogenannten Mitschüler. Man warf mit Papierkugeln nach mir, aber ich drehte mich nicht, hielt vielmehr

die zielbewußten Wolken für ästhetischer als den Anblick einer Horde Grimassen schneidende, völlig überdrehte Rüpel.
Es wurde ruhiger in der Klasse la, als eine Frau eintrat, die sich hinterher Fräulein Spollenhauer nannte. Ich brauchte nicht ruhiger zu werden, da ich zuvor schon still und fast in mich gekehrt auf kommende Dinge gewartet hatte. Um ganz ehrlich zu sein: Oskar hatte es nicht einmal für nötig befunden, auf Kommendes zu warten, er bedurfte ja keiner Zerstreuung, wartete also nicht, sondern saß, nur seine Trommel spürend, im Schulgebänk und hatte es vergnügt mit den Wolken hinter oder vielmehr vor den österlich geputzten Schulfensterscheiben. […]

2 In dem Text wird aus zwei Perspektiven erzählt. Schreibe für jede Perspektive ein Beispiel heraus.

→ Merke 116

1. ______________________________

____

2. ______________________________

____

3 Schreibe auf, welche Eigenschaften von Oskar direkt im Text genannt werden und welche du aus seinem Verhalten ableiten kannst. Belege sie durch die Zeilenangabe.

→ Merke 117

Direkte Charakterisierung: Oskar schreit, wenn er sich angegriffen fühlt (Zeile 13/14)

____

____

____

Indirekte Charakterisierung: ______________________________

____

____

____

4 Erstelle ein Charakterprofil von Oskar. Notiere passende Adjektive. Berücksichtige dabei innere und äußere Merkmale. Nutze deine Ergebnisse aus den Aufgaben 1 bis 3.

→ Merke 117

Innere Merkmale	Äußere Merkmale
– gelassen	

Endlich wieder da!

1 Lies den Text. Unterstreiche die Textstellen zu den äußeren Merkmalen des Heimkommenden gelb, seinen Beziehungen zu anderen rot, seinen Lebensumständen blau und seinen inneren Merkmalen grün.

Uwe Britten

Pille: Ein schwieriger Weg zurück

Es war doch alles so anders, als er zurückkam! Klar, er war geschlaucht. Und auch resigniert, irgendwie. Aber es war schön, dass er wieder da war. Er hatte es geschafft. Das war toll! Wir waren alle so froh.

Verändert sah er aus, als ich ihn vom Bahnhof abholte. Er hatte zugenommen und wirkte etwas schlapp; ganz langsam kam er den Bahnsteig herunter, mit der Reisetasche in der Hand.

Früher war er immer munter und fidel gewesen, meistens sogar ein bisschen aufgekratzt – na ja, wie wir alle eben so drauf waren. Immer hatte er ein breites Lächeln auf den Lippen. Selbst wenn es regnete, hatte man den Eindruck, bei ihm scheine die Sonne. Jetzt lächelte er zwar auch kurz, als er sah, dass ich gekommen war, aber es schien ein ernstes Lächeln zu sein. Ja, alles an ihm war irgendwie ernster.

Während wir aufeinander zugingen, merkte ich mit einem Mal, wie mir das Kinn zu zucken begann. Dabei hatte ich mir auf dem ganzen Weg zum Bahnhof fest vorgenommen nicht zu heulen.

Wir fielen uns in die Arme und dann liefen mir die Tränen auch schon über die Wangen. „Du bist wieder da" – das war alles, was ich rausbrachte, und dann schluchzte ich los. Ich konnte mich einfach nicht beherrschen. Mit zusammengekniffenen Augen heulte ich an seiner Schulter, während er mit einer Hand in mein Haar griff. „Hey", machte er, aber mehr bekam auch er nicht heraus. Als ich ihn schließlich wieder ansah mit meinem wässerigen Blick, bemerkte ich, dass auch seine Augen feucht schimmerten. Irgendwo pfiff der Schaffner und die schweren Räder des Zugs neben uns begannen langsam über die Schienen zu walzen.

Wir legten die Stirn aneinander. „Geht's dir gut?", fragte er.

Na klar ging's mir gut, aber viel wichtiger war ja, wie es ihm ging. Auch gut, meinte er. Ich war so verdammt erleichtert, dass er es überstanden hatte!

Während wir uns zum Ausgang wandten, wirbelte hinter dem letzten Waggon des Zugs eine bunte Plastiktüte auf und flog durch die Luft.

Er wollte sofort nach Hause, keine Umwege, kein Café. Nur niemanden treffen, schon gar nicht jemanden aus der Szene. Wir gingen extra am Güterbahnhof entlang statt an der Straße, uns an den Händen haltend. Ich glaube, er hatte sogar richtig Angst davor, einen von den anderen zu sehen. Was wir auf dem Weg redeten, war eigentlich nur Geplapper. Ich berichtete aus der Schule und was so alles passiert war. Er erzählte ein paar Geschichten von Leuten, die er in den letzten Monaten kennengelernt hatte. Manchmal lachten wir beide herzhaft über diese Geschichten, obwohl: Eigentlich waren sie sehr traurig. All den Leuten ginge es auch nicht besser als ihm, meinte er, alle hart an der Grenze. Grenze – über das Wort habe ich nicht nachgedacht, als er es aussprach. Grenze!

2 Verbinde die Textstellen miteinander, die in einem Zusammenhang stehen.

Sieh noch einmal in der Arbeitstechnik im Schülerbuch auf Seite 65 nach.

3 Belege die folgende Aussage mit einem passenden Zitat aus dem Text.

→ Merke 118

Man merkt, dass der Heimkommende viel mitgemacht hat.

4 Schreibe auf, wie es dem Ich-Erzähler bei der Rückkehr des Heimkommenden geht. Stütze deine Aussage durch zwei Zitate.

→ Merke 118

5 Ordne die Informationen, die du über den Heimkommenden gesammelt hast. Ergänze die Tabelle. Nutze deine Ergebnisse aus Aufgabe 1 bis 4.

→ Merke 117

Äußere Lebensumstände	Äußere Merkmale	Innere Merkmale	Beziehung zu anderen
– kehrt heim			

6 Formuliere eine Vermutung, was der Heimkommenden mitgemacht haben könnte.

7 Verfasse eine Charakterisierung des Heimkommenden. Schreibe in dein Heft.

→ Merke 119

- Verdeutliche in der Einleitung, worum es in dem Text geht.
- Beschreibe im Hauptteil die Lebensumstände, die äußeren und inneren Merkmale des Heimkommenden sowie seine Beziehung zum Ich-Erzähler. Belege deine Aussagen mit Zitaten.
- Fasse deine Ergebnisse am Schluss kurz zusammen. Beurteile den Heimkommenden.

8 Überprüfe deine Charakterisierung mithilfe der Checkliste auf Seite 69 im Schülerbuch.

Und wieder von vorne!

1 Lies den Text. Schreibe auf, aus welcher Erzählerperspektive er geschrieben ist.

Thomas Fuchs

Alleingelassen

Diesmal würde es klappen. Diesmal musste es klappen. Schließlich waren wir genau deshalb umgezogen. Hatten neu angefangen. Wieder umgezogen und wieder neu angefangen. Ich konnte nicht mehr sagen, wie oft wir schon umgezogen waren. Von einem Bundesland ins andere, von einer Stadt in die nächste, dazwischen mehrfach kurze Zwischenstopps in irgendwelchen Dörfern, einmal hatten wir sogar ein echtes Haus. Ganz für uns alleine. Für Maik und Carmen war es damals der Hit gewesen. Die beiden waren da noch richtig klein. Maik vielleicht zwei und Carmen demzufolge etwa fünf. Die haben den ganzen Tag im Garten gespielt. Das war irgendwo im Saarland gewesen. Maiks Vater hat das Haus gemietet. Dann ist er verschwunden. Wie Carmens Vater und auch meiner.

2 Unterstreiche die Textstellen, die die äußeren Lebensumstände der drei Jugendlichen beschreiben.

3 Lies die folgenden Textauszüge. Wie beurteilt der Ich-Erzähler seine neue Lebenssituation? Schreibe drei Adjektive dazu auf.

1. ______________ 2. ______________ 3. ______________

Jedenfalls wohnten wir jetzt hier. Mir gefiel die Stadt. Nicht zu groß, nicht zu klein. Die neue Wohnung von uns war Erstbezug. Also waren wir die ersten Mieter. Jeder von uns hatte ein eigenes Zimmer und es gab sogar einen großen Balkon. […]

Es war einfach perfekt. Selbst die Schule gefiel mir. Ich war in drei Fächern A-Level, wenn ich gewollt hätte, ich hätte auf ein Gymnasium wechseln können. Aber warum? Dann wäre ich ja morgens mindestens eine halbe Stunde mit dem Bus unterwegs gewesen. So aber musste ich gerade mal zwei Straßen weiter. […]

Es war cool, am Mittag aus der Schule zu kommen und die neue Wohnung zu betreten. Entweder kochte ich mir dann was oder auch nicht. Ich hatte frei bis vier Uhr, dann erst kamen die beiden Kleinen aus dem Hort und um fünf dann meine Ma von der Arbeit. […]

Es war wirklich geil, endlich ganz normal zu leben. So wie all die anderen in der Schule, in der Nachbarschaft auch. Gut, wir hatten kein Auto, brauchten wir auch nicht. Aber sonst war es endlich so total entspannend normal. Andere hätten es womöglich als langweilig bezeichnet, ich nicht. Wer Gerichtsvollzieher, Kinderheim, Zwangsräumung, nächtliche Polizeidurchsuchungen kannte, der stand auf Langeweile. Ich liebte dieses normale Leben. […]

4 Schreibe ein Adjektiv aus Aufgabe 3 heraus, das du als indirekte Information erhalten hast. Belege es mit einem Zitat aus dem Text.

→ Merke 117

____

____

5 Unterstreiche in den Textauszügen aus Aufgabe 3 zusätzliche Informationen, die du zu den äußeren Lebensumständen des Erzählers erhalten hast.

6 Nenne die direkten und indirekten Informationen, die du über den Ich-Erzähler erhältst.

direkte Informationen	indirekte Informationen
– die Stadt gefällt ihm	

7 Schreibe eine literarische Charakterisierung zu dem Ich-Erzähler. Ergänze dazu den Einleitungssatz.

→ Merke 119

In dem Romanauszug ______________________________

von ____________________ geht es um ____________________

____

8 Schreibe einen Hauptteil, in dem du deine Ergebnisse aus den Aufgaben 1–6 berücksichtigst. Belege deine Aussagen mithilfe des Textes.

____

____

____

____

____

____

____

9 Schreibe einen Schluss, in dem du deine Ergebnisse kurz zusammenfasst.

____

____

4

Immer gut informiert

1 Lies die Textabschnitte über den Hochseilartisten Nik Wallenda. Ordne die Abschnitte in einer sinnvollen Reihenfolge. Nummeriere sie dazu.

2 Markiere wichtige Textstellen.

1 Hochseilartist Nik Wallenda hat einmal wieder die Welt in Atem gehalten und zwei aufsehenerregende Drahtseilkunststücke über den Dächern von Chicago vollbracht.

___ „Wir sind seit 200 Jahren Artisten, in siebter Generation, meine drei Kinder in der achten. 15 Mitglieder meiner Familie sind auf dem Seil“, sagt er. Eine Zahl erwähnt er nicht: Schon sieben Wallendas starben, als sie abstürzten.

___ Die Aktion war perfekt vorbereitet. Die Seile, etwa zwei Zentimeter dick, waren mit Dutzenden Halteleinen verspannt. Eine Spezialbeschichtung sollte dafür sorgen, dass sich kein Eis auf dem Stahl bildete.

___ Zuerst ging der 35-Jährige auf einem Drahtseil bergauf, dann ging er geleitet durch Rufe seines Vaters mit verbundenen Augen vom Dach eines Wolkenkratzers zu einem anderen – alles in etwa 200 Metern Höhe.

___ Eine Schlaufe am Drahtseil, wie er sie über den Niagarafällen noch hinter sich herzog, gab es diesmal nicht. Und bei einer Höhe von zweihundert Metern hätte er nicht die geringste Chance gehabt.

→ Merke 120

3 Gestalte eine Zeitungsseite über Nik Wallenda. Nutze die Informationen aus dem Text und das Bild als Grundlage. Schreibe Texte für die Gestaltungselemente A bis E auf.

Beachte für das Ressort den zweiten Teil der Überschrift.

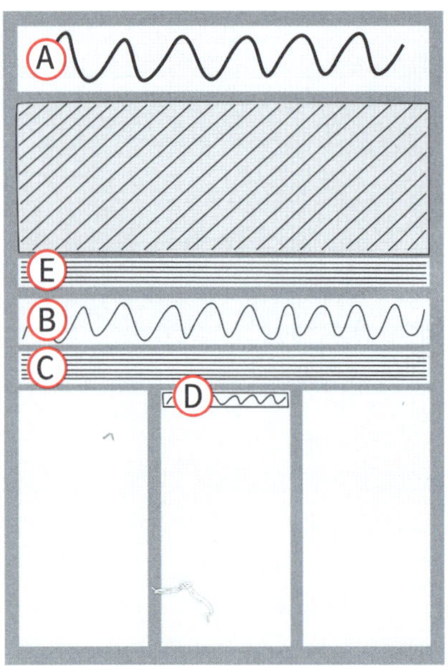

A Kopf: ______________________________

____

B Schlagzeile: ______________________________

____

C Unterzeile: ______________________________

____

D Zwischenüberschrift: ______________________________

____

E Bildunterschrift: ______________________________

____

4 Verbinde die Teile der Zeitungsüberschriften miteinander. Notiere dahinter das passende Ressort. → Merke 121

~~Politik~~ Kultur Wirtschaft Lokales Sport

Keine Entspannung	hatten Jacken im Blick	Ressort: ______
Der Arbeitskampf	vor dem Tor	Ressort: ______
Supermann	bevorzugt Komödien	Ressort: ______
Ladendiebe	in Afrikas Flüchtlingszentren	Ressort: Politik
Das Publikum	war erfolgreich	Ressort: ______

5 Lies die folgenden Sätze aus verschiedenen Nachrichtentexten. Ordne sie den Ressorts in der Tabelle zu. Trage die Zahlen wie beim Beispiel ein. → Merke 121

Politik	Lokales	Wirtschaft	Sport	Kultur
1				

1 Aus diesem Grund sieht die Verfassung Neuwahlen vor.

2 Aufgeführt werden Werke von Beethoven.

3 Am schlechtesten wurden die zuckerhaltigen Tees bewertet.

4 Der Bundestrainer sieht sich nach dem Sieg bestärkt.

5 Die Pfarrhauswohnung wurde für syrische Flüchtlinge hergerichtet.

6 Ihren Bambi verwendete sie als Türstopper.

7 Das Baugerüst stürzte am Dienstagmorgen auf die Bahnstrecke.

8 Neun Mitglieder müssen den Beschlüssen des Sicherheitsrates zustimmen.

9 Es gab mehrere Stürze bei den Favoriten.

10 Der Rohölpreis ist in sechs Monaten auf die Hälfte gefallen.

6 EXTRA Formuliere eigene Schlagzeilen zu den Ressorts Politik, Lokales, Wirtschaft, Sport und Kultur. Schreibe sie in dein Heft.

Von Wasserrekorden und Wassertropfen

→ Merke 122

1 Lies den Text. Unterstreiche Textstellen, die die W-Fragen beantworten. Notiere die passende W-Frage in der Randspalte.

Was ist passiert? | Wer ist beteiligt? | Wo ist es passiert? | Wie ist es passiert? | Wann ist es passiert? | Warum ist es passiert? | ~~Woher stammt die Nachricht?~~

Wie Fische im Wasser

dpa

Die Forscher Bruce Cantrell und die Forscherin Jessica Fain stellten einen neuen Rekord auf. Sie lebten 73 Tage unter Wasser.

Der Rekord aus dem Jahre 1992 lag bei 69 Tagen. Der Versuch von Cantrell und Fain fand in Key Largo (Florida) in einem ehemaligen Forschungslabor statt. Von hier aus gaben die beiden Biologen sogar Unterricht, um für das Fach Biologie zu begeistern. Kurz vor Weihnachten waren sie dann sehr froh, nach der erfolgreichen Aktion ihre Unterwasserwelt wieder verlassen zu dürfen. Ihre 28 Quadratmeter große Unterwasserwohnung wurde von Land her andauernd kontrolliert. Wenn zum Beispiel keine Druckluft nach unten gelangt wäre, hätte sich das Labor sehr schnell mit Wasser füllen können.

Woher stammt die Nachricht?

2 Markiere in Aufgabe 1 die Textstellen, die Hintergrundinformationen enthalten.

→ Merke 122

3 Fasse den Text aus Aufgabe 1 zu einer Kurzmeldung zusammen. Informiere in deinem Text über das Wichtigste. Formuliere auch eine Überschrift in der du eine W-Frage aufgreifst.

4 Markiere die offenen Fragen blau und die geschlossenen Fragen rot.

→ Merke 123

Wo ist die größte Tropfsteinhöhle in Deutschland?

Wie äußern sich die Touristen nach dem Besuch?

Wie gefiel Ihnen der Besuch in der Höhle?

Wie lange dauert der Rundgang?

Die offene Frage fordert zum Erzählen auf. Die geschlossene Frage erwartet eine konkrete Antwort.

5 Lies den folgenden Text. Formuliere jeweils eine offene und eine geschlossene Frage. Unterstreiche die Stellen im Text, die auf deine Fragen antworten.

1. ____________________

2. ____________________

Tropfsteinhöhlen

Es dauert extrem lang, bis sich eine Tropfsteinhöhle bildet. Bei den meisten muss man mit Zeiträumen von Jahrmillionen rechnen. In Deutschland finden wir Tropfsteinhöhlen in der Mitte und im Süden, denn dort gibt es kalkhaltige Böden. Das Regenwasser nimmt auf seinem Weg durch das Erdreich Kohlendioxid auf. Jetzt ist es leicht sauer und in der Lage, Kalkgestein zu lösen. Im Gestein entstehen erst kleine Löcher, die immer größer und schließlich zu Höhlen werden. Wasser sickert durch den Boden in die Höhlen und führt den Kalk mit. An den Höhlendecken bilden die Kalkreste die nach unten wachsenden Stalagtiten. Fällt der Wassertropfen nach unten, lässt sein Kalkanteil Stalagmiten nach oben wachsen.

6 Ergänze die Schilderung mit den folgenden Bausteinen.

→ Merke 124

ein Wasserfall | den glitschigen Boden | zerbrechliches Porzellan | türkis-grüner Farbe | von nassem Gestein | ~~feucht-kühle Luft~~ | das Tropfen des Wassers

Die Besucher umfängt feucht-kühle Luft. Mitten in der Zauberhalle steht ein riesiger Stalagmit. Er sieht aus wie ____________________. Tiefer geht es in den Berg hinein. Man spürt ____________________ unter den Füßen. Tropfsteine hängen wie ____________________ von der Decke herab. An einigen Stellen ist ____________________ zu hören. Der Geruch ____________________ steigt in die Nase.

Wohin führt der Weg?

→ Merke 125

1 Lies den Kommentar. Unterstreiche in dem Text die Einleitung und den Schluss.

VON CHRISTOF ZIEHMANN

Soll man sich im Internet alles ansehen? Oder sollte man sich an einigen Stellen der Bilderflut verweigern? In den täglichen Nachrichtensendungen werden die schrecklichsten Bilder aus Kriegsgebieten nicht gesendet. Im Internet erscheinen solche Nachrichten ungefiltert. Die JIM-Studie informierte, dass innerhalb von nur zwei Jahren die Zahl der Gewaltdarstellungen, die Jugendliche über das Internet erhalten, von 4 auf 14 Prozent angewachsen ist. In der EU sind 75% der Kinder zwischen sechs und 17 Jahren online. Ein Mausklick – und Schreckensbilder sind in den Köpfen. Und die sind nicht ohne weiteres zu löschen. Demgegenüber steht der Wunsch nach umfassenden und frei zugänglichen Informationen. Der Austausch untereinander und die Teilhabe an Diskussionsprozessen sind wichtige Errungenschaften des Internets. Wie das eine verhindern und das andere ermöglichen? Wir müssen lernen, mit den Chancen und Risiken des Internets umzugehen und Verhaltensweisen entwickeln, die uns schützen. Dazu gehört auch, mal etwas nicht anzuschauen. Kinder und Jugendliche brauchen einen besonderen Schutz. Die Entwicklung von Medienkompetenz könnte ihnen helfen.

2 Markiere in dem Kommentar die Argumente, die für ein frei zugängliches Internet sprechen, grün und die Argumente, die dagegen sprechen, rot.

3 Formuliere für den Kommentar eine Überschrift und schreibe sie über den Text.

→ Merke 125

4 Scheibe einen Leserbrief, in dem du deine Meinung zu dem Kommentar von Christof Ziehmann deutlich machst.

5 Lies die folgenden Textauszüge. Markiere alle wichtigen Informationen.

- Am Mittwochnachmittag landete das Mini-Labor auf dem Kometen *Tschuri*.
- Kometen sind Überbleibsel aus der Anfangszeit unseres Sonnensystems.
- *Philae* setze mit einer Geschwindigkeit von nur wenigen Stundenkilometern auf.
- Die Landung von *Philae* auf Tschuri ist die erste Landung eines von Menschen konstruierten Gerätes auf einem Kometen.
- Das Mini-Labor hat die Größe eines Kühlschranks.
- Der Abstieg von *Philae* zum Kometen Tschuri dauerte viele Stunden.
- Im Labor wird nach Stoffen gesucht, die bei der Entstehung von Leben auf unserem Planeten eine Rolle gespielt haben könnten.
- In gut 22 Kilometern Höhe wurde das Mini-Labor von seiner Trägersonde Rosetta ausgeklinkt und sank auf den Kometen nieder.

6 Verfasse einen Bericht mithilfe der Informationen aus Aufgabe 5.

→ Merke 122

- Formuliere eine interessante Schlagzeile.
- Fasse zu Beginn deines Berichts die wichtigsten Informationen kurz zusammen.
- Schreibe die Informationen in einer logischen Reihenfolge auf. Setze Zwischenüberschriften ein. Achte auf eine sachliche Sprache und verknüpfe die Sätze miteinander.

Nachrichten und Meinungen

→ Merke 120

1 Ordne die Begriffe den Bestandteilen einer Zeitungsseite zu.

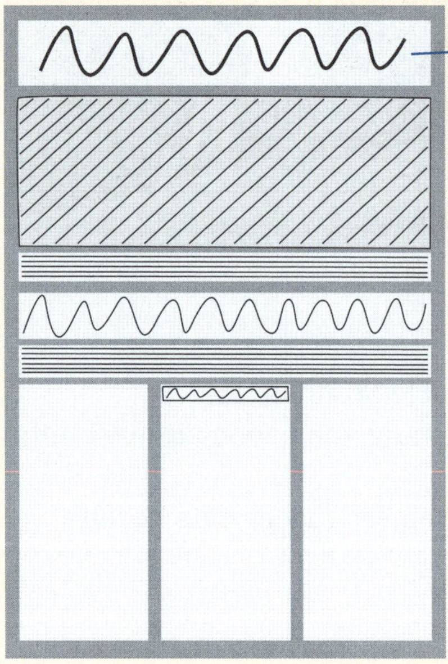

Kopf

Schlagzeile

Spalten

Bildunterschrift

Unterzeile

Zwischenüberschrift

Bildaufmacher

→ Merke 122

2 Schreibe mithilfe der folgenden Stichwörter eine Nachricht. Formuliere auch eine Überschrift.

Straßenbahn der Linie 5 kippte um | in Kurve | dpa | kurz hinter Haltestelle Uni-Platz | Düsseldorf | Fahrer und neun Fahrgäste verletzt | kurz vor 12 Uhr | Kupplung gerissen

→ Merke 124

3 Formuliere mithilfe der folgenden Sätze einen Text, der in einer Schilderung vorkommen könnte. Ergänze Sinneswahrnehmungen, Stimmungen oder Gedanken.

Ich liege im Gras. | Die Dunkelheit nimmt zu. | Mein Blick geht nach oben zu den Sternen.

4 Lies den Text. Formuliere dazu jeweils eine offene und eine geschlossene Frage.

→ Merke 123

Kometen-Mission

Das Mini-Labor der Kometen-Mission trägt den Namen *Philae*. *Philae* ist der Name einer Insel im Nil. Dort befand sich ein Obelisk, auf dem in griechischer Schrift und als Hieroglyphen die Namen von *Kleopatra* und *Ptolemäus* eingemeißelt waren. Durch den Vergleich der Schriftzeichen wurde es möglich, dem Geheimnis um die Hieroglyphen näher zu kommen. Die Kometen-Mission hat ein ähnliches Anliegen.

Offene Frage: ______________________________

Geschlossene Frage: ______________________________

5 Lies den Text. Schreibe einen Leserbrief, in dem du entweder der Argumentation von Wanda Gierlich zustimmst oder ihr widersprichst.

→ Merke 125

LESERBRIEFE

Edisons Erfindung war schon eine gute Sache: die Glühlampe hat wertvolle Dienste geleistet. Aber das künstliche Licht hat auch Schattenseiten. Die Verdrängung des natürlichen Lichts von Mond und Sternen ist weltweit auf dem Vormarsch. Nur an wenigen Orten in Deutschland ist man in der Lage, den Sternenhimmel wirklich zu erkennen. In einer hellen Stadt kann man nur 100 Sterne sehen, in einer dunklen Nacht hingegen mehr als 3000. Und ökologisch ist die aufwändige Außenbeleuchtung ebenfalls problematisch. In Frankreich werden inzwischen in nicht genutzten Gebäuden die Lichter abgeschaltet. Vielleicht wäre ein solches Gesetz auch bei uns ein Anfang.

Wanda Gierlich

____

____

____

____

____

____

____

____

____

AIDA ist kein Kreuzfahrtschiff

→ Merke 126

1 Lies den Text. Erkläre anschließend den Begriff *Werbemittel* mit eigenen Worten.

Werbebotschaften werden über Werbeträger an bestimmte Zielgruppen übermittelt. Das Werbemittel ist die sinnlich wahrnehmbare, gestaltete Form der Werbebotschaft. Es gibt viele Möglichkeiten Werbung zu machen. Werbemittel können Anzeigen in Zeitungen, Broschüren oder anderen Druckmedien sein. Werbemittel in Hörfunk und TV (Werbespots) sowie Werbekampagnen mit Plakaten sind dabei am häufigsten zu finden.
Die Auswahl des richtigen Werbemittels ist entscheidend für den Erfolg der Werbung. Es muss zur gewünschten Zielgruppe passen. […]

Werbemittel sind ____________________

____

____

____

2 Beschreibe die Funktion eines Werbeträgers mithilfe des Bildes.

____

____

____

____

____

____

____

3 Lies den folgenden Text. Ergänze die Lücken.

Interesse | Besitzwunsch | Kauf | AIDA-Modells | ~~Aufmerksamkeit~~

Wie Werbung funktioniert

Durch eine schrille Anzeige soll die Aufmerksamkeit der Menschen geweckt werden. Anschließend sorgt ein positives Gefühl für das ______________ am Produkt. Ist dieses erst vorhanden, gilt es den ______________ zu erzeugen. Dadurch wird der Verbraucher zum ______________ angeregt. Werbung ist dann erfolgreich, wenn alle Punkte des ______________ nacheinander ablaufen.

4 Sieh dir das folgende Bild an. Beschreibe, wofür geworben wird.

5 Benenne den Werbeträger und das Werbemittel der Anzeige aus Aufgabe 4.

→ Merke 126

Werbeträger:

Werbemittel:

6 Erkläre das AIDA-Modell anhand der Werbeanzeige. Beantworte dazu die folgenden Fragen.

- Worauf richtet sich deine Aufmerksamkeit?
- Findest du die Werbeanzeige interessant?
- Welches Gefühl löst die Anzeige bei dir aus?
- Könnte die Anzeige dich dazu bringen, den Zoo zu besuchen?

Lecker, lecker Schokolade

1 Schreibe in einem Satz auf, wofür die folgende Anzeige wirbt.

____

→ Merke 128

2 Ordne der Anzeige die folgenden Fachbegriffe richtig zu.

zentrales Produktbild

Werbetext

Werbeslogan

3 Beschreibe in einem Satz, wie die Anzeige auf dich wirkt.

____

____

4 Erkläre, wie die Anzeige aufgebaut ist. Beantworte dazu die folgenden Fragen.

- Was ist abgebildet? ____
- Was fällt dir als Erstes auf? ____
- Wo befindet sich der Text in der Anzeige? ____
- Mit welchen Mitteln erzeugt die Anzeige Aufmerksamkeit? ____

5 Kreise die Wörter ein, die du mit der Farbe Braun verbindest.

natürlich | spritzig | frisch | genussvoll | gemütlich | cremig

6 Schreibe einen kurzen Text über den Geschmack des Schokoriegels. Verwende deine Wörter aus Aufgabe 5.

____

____

7 Überlege dir zu den folgenden Produkten passende Attribute. Schreibe sie auf.

→ Merke 130

streichzarte ____________ Butter ____________ Gesichtscreme

____________ Reise ____________ Limo

8 Überlege, warum in der Werbesprache häufig Attribute verwendet werden. Nutze deine Ergebnisse aus Aufgabe 7.

____

____

9 Welche sprachlichen Mittel werden in Werbeslogans verwendet? Sammle in Zeitungen, Zeitschriften oder dem Internet für die sprachlichen Mittel jeweils ein Beispiel.

→ Merke 129

Alliteration	SchokoSchock – Schockt schokoladig schön!
Anglizismus	
Alltags-/Jugendsprache	
Paradoxon	
Superlativ	
Ellipse	
Metapher	

10 Sieh dir das folgende Bild an. Wie wirkt es auf dich? Schreibe drei Adjektive auf. Beachte dabei auch die Farben.

1. ____________ 2. ____________ 3. ____________

11 Gestalte eine Werbeanzeige zu dem Bild. Überlege, für welches Produkt geworben werden könnte.

- Zeichne das Produkt in das Bild.
- Entwickle einen Werbeslogan, eine Headline und einen Werbetext für das Produkt. Notiere deine Ergebnisse im Bild.

Du kannst auch ein Bild z. B. aus einer Zeitschrift ausschneiden und aufkleben.

Jeder Klick ein Werbekick

→ Merke 132

1 Sieh dir die Bilder an. Ordne die Werbeformen, die dir im Internet begegnen können, richtig zu.

Pop-up | Layer-Ad | Banner | Skyscraper

→ Merke 131

2 Verbinde die Fachbegriffe mit der richtigen Erklärung.

- Countdown Spot
- Flankierer
- Werbeblock
- Sponsoring
- Product Placement

- Die Fernsehsendung wird unterbrochen, mehrere Spots am Stück werden gezeigt.
- Vor oder nach der Sendung sieht man den Hinweis „Die Sendung wurde unterstützt von …“.
- Produkte werden innerhalb einer Sendung gezeigt.
- Spots, die direkt vor oder nach einer Sendung gezeigt werden.
- Die Sendung wird nur kurz unterbrochen, die ablaufende Zeit zeigt an, wann das Programm fortgesetzt wird.

3 Plane einen Werbespot für neue Schuhe. Überlege dir einen passenden Produktnamen.

4 Schreibe drei passende Eigenschaften zu den Schuhen auf. Verwende Attribute.

deutsch.punkt

Differenzierende Ausgabe

Lösungen zum Arbeitsheft

Seite 4–5

Aufgaben 1 bis 3
Individuelle Schülerlösung

Aufgabe 4
Beispiellösung

Merkmal	☺	☹	Beleg aus dem Text
oft draußen arbeiten	×		„Sie bauen, pflegen, sanieren und pflanzen Außenanlagen" (Zeile 2–3)
viel mit der Hand arbeiten	×		„Sie fällen Bäume und roden Baumstümpfe, planieren Flächen, bearbeiten, pflegen und sanieren Böden." (Zeile 18–19)
keine Zahlen		×	„… richten Baustellen ein, messen und grenzen Bearbeitungsflächen nach Zeichnungen und Plänen ab" (Zeile 15–16)
kein Rechnen		×	„… disponieren Baugeräte und Materialien und bestellen die benötigten Baustoffe." (Zeile 13–14)

Aufgabe 5 EXTRA
Der Text macht keine klaren Aussagen darüber, wie selbstständig Gärtner arbeiten.

Seite 6–7

Aufgabe 1
a) richtig; b) richtig; c) falsch; d) richtig; e) richtig

Aufgabe 2
c) Die Zahl der der gemeldeten Berufsausbildungsstellen ist seit 2004/05 relativ gleichbleibend. Im Jahr 2006/07 und 2007/08 liegt der Wert höher.

Aufgabe 3
Beispiellösung
Die vorliegenden Schaubilder der Bundesagentur für Arbeit zeigen die Entwicklung und die Anzahl von Bewerbern für Berufsausbildungsstellen. Außerdem wird neben der Gesamtanzahl der Bewerber für Berufsausbildungsstellen auch die Anzahl der Bewerber mit und ohne Ausbildungsplatz dargestellt.

Aufgabe 4
Beispiellösung
Die Schaubilder zeigen die Anzahl der Bewerber für Berufsausbildungsstellen, die Anzahl versorgter Bewerber und die Anzahl unversorgter Bewerber im Zeitraum 2004–2014. Es wird deutlich, dass die Zahl der Bewerber für Berufsausbildungsstellen in den letzten Jahren leicht zurückgegangen ist. 2012/13 gab es 561.168 Bewerber, 2013/14 waren es nur noch 559.431.

Aufgabe 5
Beispiellösung
Die Schaubilder belegen, dass die meisten Bewerber auch eine Ausbildungsstelle finden. Zwar hat die Zahl der Bewerber ohne Ausbildungsplatz 2012/13 noch einmal zugenommen, aber schon 2013/14 hat sich die Lage wieder entspannt.

Seite 8–9

Aufgabe 1
Das Lösungswort heißt: ERFOLGE

Aufgabe 2
Beispiellösung

Miriam Schultheiß
Amsterdamer Str. 171
50735 Köln
Tel. 0123/456789
miriamschultheisz2000@email.de

Radio Köln
Frau Wedekin
Schanzenstraße 28
51063 Köln

9. Mai 2015

Bewerbung um einen Praktikumsplatz
Ihre Anzeige im „Kölner Stadt-Anzeiger"

Sehr geehrte Frau Wedekin,

Aufgabe 3
Beispiellösung

Lebenslauf Miriam Schultheiß Amsterdamer Str. 171 50735 Köln Tel. 0123/456789 m.schultheiss2002@email.de	
Persönliche Daten	Geboren am 20.07.2002 in Köln
Schulausbildung Seit August 2012 August 2008 – Juli 2012	 Heinrich Böll Schule, Köln Grundschule, Köln
Schulabschluss	Voraussichtlich Mittlerer Schulabschluss Juli 2017
Lieblingsfächer	Deutsch, Musik, AG Medien
Hobbys	Beiträge für Schüler/innen-Zeitung schreiben, singen
Köln, 09.05.2015 Miriam Schultheiß	

Seite 10–11

Aufgabe 1
a) falsch; b) richtig; c) falsch; d) richtig

Aufgabe 2

Ich strebe danach ...	ohne Abschluss	Hauptschulabschluss	Realschulabschluss	Hochschulreife
einen Beruf zu haben, der mich glücklich macht.	83%	90%	93%	95%

Aufgabe 3
Beispiellösung
Die Tabelle zeigt, dass das Lebensziel „persönliches Glück" mit höherer Schulbildung an Bedeutung gewinnt.

Aufgabe 4

Ausgewählte Karriere- und Lebensziele von Schüler/-innen in berufsbildenden Schulen nach Geschlecht	Alle	darunter	
Ich strebe danach ...		Männlich	Weiblich
einen Beruf zu haben, der mich glücklich macht.	93%	91%	95%
einen sicheren Arbeitsplatz zu haben.	93%	91%	95%
ein gutes Verhältnis zu meinen Arbeitskollegen und -kolleginnen zu haben.	91%	89%	94%
ein möglichst hohes Einkommen zu erzielen.	82%	85%	79%
ein hohes Ansehen in der Gesellschaft zu erwerben.	49%	51%	47%

Aufgabe 5 EXTRA
Beispiellösung
Das Bundesinstitut für Berufsbildung hat eine Umfrage zum Thema „Karriere- und Lebensziele von Schüler/-innen in berufsbildenden Schulen" durchgeführt. Zusammenfassend kann man sagen, dass es das wichtigste Ziel für Schüler (91%) und Schülerinnen (95%) ist, einen Beruf zu haben, der glücklich macht. Für einen sicheren Arbeitsplatz stimmten 91% der männlichen und 95% der weiblichen Befragten. Für 49% ist das Ansehen eines Berufes in der Gesellschaft wichtig.

Seite 12–13

Aufgabe 1
Beispiellösung
Maren: unsicher, freundlich, verwirrt, irritiert
Petra: freundlich, irritiert, erstaunt
Lilly: selbstbewusst, organisiert, taff

Aufgabe 2
1. Die Anwesenheit der Figuren auf der Bühne, z. B. „Maren *erscheint ...*" (Zeile 1).
2. Die Requisiten, z. B. „... zeigt auf *das Graffiti*." (Zeile 6).
3. Verhaltensweise der Figuren, z. B. „... *irritiert*." (Zeile 56).

Aufgabe 3
Beispiellösung
Auf der Bühne befinden sich ein Sofa, zwei Sessel und ein kleiner Tisch mit Snacks. An der Wand hängt der Schriftzug „Creeps". Petra sitzt entspannt auf dem Sofa. Maren kommt unsicher zur Tür rein.
Die Mädchen unterhalten sich (Petra irritiert, Maren verunsichert). Maren geht langsam in den Raum, setzt sich neben Petra. Lilly kommt schnell und selbstbewusst in den Raum.

Aufgabe 4
Beispiellösung
Spielleiter: Hallo, Lilly. Wie schön, dass du gekommen bist. Was hat dich hergeführt?
Lilly: Ich hab mich für dieses Casting beworben, weil ich unbedingt ins Showgeschäft möchte.
Spielleiter: Welche Erwartungen hast du?
Lilly: Das hab ich doch schon gesagt: Ich will ins Showgeschäft. Ich glaube, dass ich echt eine Chance habe, weil ich ziemlich cool bin. Besser als die anderen.
Spielleiter: Hast du schon mal an einem Casting teilgenommen?
Lilly: Nein, aber ich hab mir ein paar Infos besorgt, wie so was abgeht. Das krieg ich schon hin.

Seite 14–15

Aufgabe 1
Figur:
17 Jahre alt (Kasten, Zeile 1)
trendy (Kasten, Zeile 1)
Charakter:
„Ich bin Lilly, merk dir mein Gesicht, und wenn du morgen in einen Club gehst und ich bin nicht da, dann weißt du, dass der Laden out ist." (Zeile 13–16)
Beziehung zu anderen:
„Könnte ich die Eckdaten nochmal haben, Maren? Ich hab nicht so genau zugehört." (Zeile 42/43)
Verhalten:
„Wen interessiert denn das." → schnippisch (Zeile 27)

Aufgabe 2
Beispiellösung
Gedankenblase zu
Zeile 3: „Okay, jetzt muss ich zeigen, was ich alles kann. Bloß nicht verhaspeln jetzt."

Zeile 17: „Es läuft gut! Ich hab's raus!"
Zeile 23: „Das müsen die anderen erst mal nachmachen!"
Zeile 27: „Was will der denn jetzt? Ich hab's toll gemacht. Wozu der persönliche Kram?"
Zeile 40: „Mist, ich hab nicht zugehört. Worum geht's?"
Zeile 46: „Ist doch eh klar. Wenn's drauf ankommt, kann ich das! Wen interessiert denn eigentlich schon Marens Lebensgeschichte?"

Aufgabe 3
Beispiellösung:
Mein Name ist Lilly und ich bin 17 Jahre alt. Ich habe mich beim Casting beworben, weil ich unbedingt ins Showgeschäft möchte. Ich glaube, dass ich gute Chancen habe, weil ich ziemlich cool bin. Ich weiß, dass meine Coolness ziemlich gut bei anderen ankommt. Darauf baue ich. Ich hab nur Angst, dass man mir keine faire Chance gibt und die anderen naiven Hühner mir durch Schleimerei und Strebertum die Tour vermasseln.

Aufgabe 4
Beispiellösung
Lilly möchte zeigen, dass sie cool ist, die Trends kennt und weiß, wie sie eine Sendung moderieren muss. Über persönliche Themen möchte sie nicht sprechen. Sie achtet wenig auf Maren und Petra und fühlt sich ihnen überlegen. Nachfragen der OV nerven sie.

Aufgabe 5 EXTRA
Beispiellösung zu Zeile 33 (Maren)
Oh man, Lilly will mir den Job wegschnappen, jetzt zeig ich's ihr!

Seite 16–17

Aufgabe 1
Individuelle Schülerlösung

Aufgabe 2

Gesprächspartner	Gesprächsverlauf/-inhalte	Gesprächsabsicht/ -erwartung	Beziehung
Petra, Lilly	Lilly erhebt Vorwürfe Petra gegenüber. Petra verteidigt sich.	Lilly will Petra zeigen, dass Petra zu Unrecht ihren Platz eingenommen hat. Petra verteidigt sich.	Konkurrenz, Neid, Missgunst
Maren, Lilly, Petra	Maren mischt sich ein. Lilly hat ihr nicht zugehört und konnte so das Interview nicht führen.	Maren verteidigt Petra und zeigt Lilly ihre Kränkung. Dennoch betont sie die Gleichberechtigung untereinander. Lilly greift Petra erneut an. Petra wiederum besteht auf ihrer Sicht der Dinge.	Maren möchte Lilly wieder versöhnlich stimmen. Diese jedoch ist auf Konfrontationskurs.
Lilly, unbekanntes Gegenüber am Telefon	Lilly soll berichten, verschiebt das aber auf später und lässt sich eine Information per SMS zukommen.	Lilly möchte sich nicht aus der Situation vor Ort lösen.	–
Petra, Maren, Lilly	Petra kommt nochmal aufs Thema zurück. Maren lenkt ab. Lilly schlägt vor, die Sache zu vergessen. Petra stimmt zu. Lilly sagt, Maren solle locker bleiben; diese sagt, sie sei locker.	Petra sucht Verbündete. Lilly möchte Maren wieder versöhnlich stimmen. Maren hat die Verletzung noch nicht vergessen.	Petra und Maren stehen sich näher als jede von ihnen Lilly. Sie wissen, dass ein Konflikt jetzt für alle hinderlich ist. Die Situation bleibt angespannt.

Aufgabe 3 EXTRA
Individuelle Schülerlösung

Seite 18–19

Aufgabe 1
Beispiellösung
Spielleiter: Woher kommst du Petra?
Petra: Aus KM, also Chemnitz.
Spielleiter: Warum willst du Creeps moderieren?
Petra: Ich will noch mal was anderes machen und ein bisschen raus aus dem Alltag. Eine Ausbildung kann ich später immer noch machen.
Spielleiter: Und wenn du den Job nicht bekommst? Bist du sehr enttäuschst?
Petra: Ach nee, dann hab ich es wenigstens versucht. Und außerdem weiß ich gar nicht, ob ich wirklich weg will aus Chemnitz. Schließlich leben dort alle meine Freunde und Konrad, mein Freund.

Aufgabe 2
Petra hat sich bei Creeps beworben, um noch einmal was richtig Aufregendes zu machen und was zu erleben.

Petra ist sich nicht mehr sicher, ob sie die Sendung noch unbedingt moderieren möchte. Sie sieht die Dinge, die sie verlieren würde, wenn sie aus Chemnitz wegzieht.

Aufgabe 3
Individuelle Schülerlösung

Seite 20–21

Aufgabe 1
Beispiellösung
1. cool 2. angeberisch 3. unsicher

Aufgabe 2
Gefühle:
„[…] traute er seinen Augen nicht […]" (Zeile 14), „[…] bis ihn die Wut packte." (Zeile 16), „Er wollte nicht als Rassist gelten." (Zeile 22), „Heinz konnte seinen Blick nicht deuten." (Zeile 38/39), „In seiner Verwirrung lehnte er sich ebenfalls zurück." (Zeile 39), „Er versuchte, den Schwarzen abzuschätzen." (Zeile 40/41).

Aufgabe 3
Beispiellösung
1. „Heinz stand mit seinem Löffel fassungslos da, […]" (Zeile 16).
2. „Heinz wurde rot." (Zeile 22/23).
3. „[…] mit leicht zitternder Hand den Löffel zum Mund […]" (Zeile 28).

Aufgabe 4

1.	[ ]	bescheiden	[x]	unbescheiden	Zeile 3
2.	[x]	temperamentvoll	[ ]	zurückhaltend	Zeile 20
3.	[x]	einfühlsam	[ ]	unsensibel	Zeile 32/33
4.	[x]	arrogant	[ ]	schüchtern	Zeile 1–2

Aufgabe 5

Gefühle	Verhalten	Äußere Merkmale	Lebensumstände
fühlt sich cool, wütend, unsicher	zittert, presst die Zähne zusammen	hat viele Pickel	knapp 14 Jahre alt, Wortführer in der Klasse, isst oft in der Kantine

Aufgabe 6
Aufgrund der Hautfarbe nimmt Heinz sein Gegenüber als Außenseiter wahr. Heinz erklärt sich das Verhalten seines Gegenübers durch dessen fremde Herkunft.

Aufgabe 7 EXTRA
Individuelle Schülerlösung

Seite 22–23

Aufgabe 1
Beispiellösung
äußere Merkmale: Zeile 1/2: monumentale, für Riesen geschlagene Treppen; Zeile 5/6: mich überragenden Tüten; Zeile 16/17: Selbstverständlich war die Bank zu groß.; Zeile 21/22: Wahrscheinlich schämte sie sich meiner sogenannten Zurückgebliebenheit wegen vor ihren Artgenossinnen.
Lebensumstände: Zeile 6: für den ersten Schultag, Zeile 6/7: Mama trug auch eine solche Tüte bei sich.
innere Merkmale: Zeile 13/14: Natürlich schrie ich nicht, denn ich schrie nur, wenn man mir meine Trommel wegnehmen wollte.; Zeile 19: Ich gab mich zufrieden, saß ruhig, weil ich keinerlei Grund zur Beunruhigung hatte.; Zeile 37/38: Ich brauchte nicht ruhiger zu werden, da ich zuvor schon still und fast in mich gekehrt auf kommende Dinge gewartet hatte.
Beziehung zu anderen: Zeile 9/10: Einem dicklichen Knaben, der mir auf meine Trommel pauken wollte, musste ich, um nicht Glas zersingen zu müssen, mehrmals gegen das Schienbein treten.

Aufgabe 2
1. Ich-Erzähler: „Mama führte mich [...]" (Zeile 1)
2. Er-Erzähler: „Oskar hatte es nicht einmal für nötig befunden, auf Kommendes zu warten." (Zeile 39)

Aufgabe 3
Beispiellösung
Direkte Charakterisierung:
Oskar schreit nur, wenn er sich angegriffen fühlt. (Zeile 13/14)
Oskar empfindet sich nicht als zurückgeblieben. (Zeile 21/22)
Oskar sieht sich nicht als Teil der Klassengemeinschaft. (Zeile 32/33)

Indirekte Charakterisierung:
Oskar weiß sich zu wehren, notfalls auch körperlich. (Zeile 10)
Oskar empfindet seine Umwelt als ungerecht, da sie nicht für seine Größenverhältnisse gemacht ist. (Zeile 25)
Oskar genügt sich selbst und kann sich mit sich selbst beschäftigt. (Zeile 40)

Aufgabe 4

Innere Merkmale	Äußere Merkmale
gelassen, ruhig, ausgeglichen	ausgeschlossen, selbstständig, sehr klein

Seite 24–25

Aufgaben 1 und 2
äußere Merkmale: Zeile 2: er war geschlaucht; Zeile 6: verändert sah er aus; Zeile 7: zugenommen; Zeile 8: schlapp, langsam; Zeile 11: früher war er immer munter und fidel; Zeile 12/13: hatte er ein breites Lächeln auf den Lippen; Zeile 13/14: ihm scheine die Sonne; Zeile 14: lächelte; Zeile 15: ernstes Lächeln, irgendwie ernster; Zeile 28: aber viel wichtiger war ja, wie es ihm ging; Zeile 31/32: Nur niemanden treffen, schon gar nicht jemanden aus der Szene; Zeile 39: waren sie sehr traurig. All den Leuten ging es auch nicht besser als ihm; Zeile 40: alle hart an der Grenze
Beziehung zu anderen: Zeile 3/4: es war schön, dass er wieder da war; Zeile 4: Das war toll!; Zeile 4/5: waren alle so froh; Zeile 19: wir fielen uns in die Arme, liefen mir die Tränen auch schon über die Wangen; Zeile 20/21: schluchzte ich los; Zeile 29: war so verdammt erleichtert; Zeile 34: uns an den Händen haltend; Zeile 38: Manchmal lachten wir beide herzhaft
Lebensumstände: Zeile 1: zurückkam; Zeile 4: Er hatte es geschafft.; Zeile 6/7: vom Bahnhof abholte; Zeile 39: er es überstanden hatte
innere Merkmale: Zeile 2 resigniert; Zeile 23: mehr bekam er auch nicht heraus; Zeile 24/25: dass auch seine Augen feucht schimmerten; Zeile 28: Auch gut

Aufgabe 3
Dass der Heimkommende viel mitgemacht hatte, verdeutlicht die Textstelle: „Klar, er war geschlaucht. Und auch resigniert, irgendwie." (Zeile 2/3)

Aufgabe 4
Der Ich-Erzähler ist glücklich und erleichtert. Das sieht man an mehreren Textstellen. Dies wird in Zeile 3–6 verdeutlicht. Dort heißt es: „ Aber es war schön, dass er wieder da war. [...] Das war toll. Wir waren alle so froh."
Die Erleichterung zeigt sich auch in folgender Textstelle: „[...] und dann liefen mir die Tränen auch schon über die Wangen." (Zeile 19/20)

Aufgabe 5

Äußere Lebensumstände	Äußere Merkmale	Innere Merkmale	Beziehung zu anderen
kehrt heim	zugenommen	erleichtert	dankbar
meidet beim Heimweg Cafés und Orte, wo er Bekannte treffen könnte	schlapp, langsam	sich der Härte der Grenzsituation bewusst	froh
hat viele Leute kennengelernt	ernst		erleichtert

Aufgabe 6
Beispiellösung
Es könnte sich um einen Jugendlichen handeln, der vielleicht im Gefängnis gewesen ist, weil er kriminell geworden ist. Oder er hat Drogen genommen und kommt vom Entzug.

Aufgabe 7
Beispiellösung
In den Romanauszug „Pille“ von Uwe Britten geht es darum, wie ein Jugendlicher einen Freund, der länger weg war, vom Bahnhof abholt.
Der Ich-Erzähler holt eine befreundete jugendliche Person am Bahnhof ab, die etwas Schweres hinter sich gebracht hat und davon sehr mitgenommen ist. Direkt zu Beginn des Textes erfährt man, dass der Heimkommende „geschlaucht“ (Zeile 2) ist und im Verhältnis zu früher deutlich ernster geworden: „Jetzt lächelte er zwar auch kurz, als er sah, dass ich gekommen war, aber es schien ein ernstes Lächeln zu sein. Ja, alles an ihm war irgendwie ernster.“ (Zeile 14/15)
Rein äußerlich ist die Person bedächtiger und weniger kraftvoll als früher. In Zeile 8–10 heißt es: „Er hatte zugenommen und wirkte etwas schlapp; ganz langsam kam er den Bahnsteig herunter, mit der Reisetasche in der Hand.“ Die Grenzerfahrung, die er gemacht hat, ist ihm sehr bewusst. Aus Angst sich erneut in Gefahr zu bringen, meidet er auf dem Heimweg ‚gefährliche‘ Stellen: „keine Umwege, kein Cafe“ (Zeile 32).
Der Leser erfährt, dass die Person selbst auch erleichtert ist, dass sie wieder heimkommt. Es wird beschrieben, dass sie dem Ich-Erzähler um den Hals fällt, und dass auch ihr die Tränen in den Augen stehen. In Zeile 24/25 heißt es, dass der Ich-Erzähler bemerkt, „dass auch seine Augen feucht schimmerten.“
Der Ich-Erzähler steht dem Heimkommenden sehr nahe. Es wird mehrfach betont, wie glücklich er ist. „Aber es war schön, dass er wieder da war. Er hatte es geschafft. Das war toll! Wir waren alle so froh.“ (Zeile 3–6)
Er ist gerührt und erleichtert, sodass ihm bei der gegenseitigen Umarmung die Tränen kommen und er sofort zu weinen beginnt. In Zeile 21/22 heißt es: „Mit zusammengekniffenen Augen heulte ich an seiner Schulter.“
Am Ende wird betont, dass der Begriff ‚Grenze‘, wie er vom Heimkommenden benutzt wird, den Ich-Erzähler nachdenklich stimmt. „Grenze – über das Wort habe ich nicht nachgedacht, als er es aussprach. Grenze!“ (Zeile 40/41).
Zusammenfassend kann man sagen, dass der Heimkommende erleichtert ist, dass er seine Erfahrungen jetzt hinter sich lassen kann. Ich glaube, dass viele Jugendliche die beschrieben Gefühle nachvollziehen können. Die Überschrift des Textes legt nahe, dass es sich um Drogenerfahrungen gehandelt haben könnte, doch auch auf andere Problem- bzw. Lebensbereiche sind die Erfahrungen übertragbar.

Aufgabe 8
Individuelle Schülerlösung

Seite 26–27

Aufgabe 1
Der Text ist aus der Ich-Perspektive geschrieben.

Aufgabe 2
[...] Schließlich waren wir genau deshalb umgezogen. (Zeile 1/2) [...] Wieder umgezogen und wieder neu angefangen. Ich konnte nicht mehr sagen, wie oft wir schon umgezogen waren. Von einem Bundesland ins andere, von einer Stadt in die nächste, dazwischen für mehrere Zwischenstopps in irgendwelchen Dörfern, einmal hatten wir sogar ein echtes Haus. Ganz für uns alleine. (Zeile 2–6)
[...] Die beiden waren da noch richtig klein. Maik vielleicht zwei und Carmen demzufolge etwa fünf. Die haben den ganzen Tag im Garten gespielt. Das war irgendwo im Saarland gewesen. Maiks Vater hat das Haus gemietet. Dann ist er verschwunden. Wie Carmens Vater und auch meiner. (Zeile 6–10)

Aufgabe 3
Beispiellösung
1. zufrieden 2. bequem 3. verantwortungsbewusst

Aufgabe 4
Beispiellösung
Der Erzähler ist verantwortungsbewusst. Das lässt sich aus dem folgenden Satz ableiten: „Und ich würde alles dafür tun, damit das so bliebe.“

Aufgabe 5
Die neue Wohnung von uns war Erstbezug. Jeder von uns hatte ein eigenes Zimmer und es gab sogar einen großen Balkon. [...]
So aber musste ich gerade mal zwei Straßen weiter. [...]
Entweder kochte ich mir was oder auch nicht. Ich hatte frei bis vier Uhr, dann erst kamen die beiden Kleinen aus dem Hort und um fünf dann meine Ma von der Arbeit. [...]
Es war wirklich geil, endlich ganz normal zu leben. So wie all die anderen in der Schule, in der Nachbarschaft auch. Gut, wir hatten kein Auto, brauchten wir auch nicht. Aber sonst war es endlich so total entspannend normal. Wer Gerichtsvollzieher, Kinderheim, Zwangsräumung, nächtliche Polizeidurchsuchungen kannte, der stand auf Langeweile. Ich liebte dieses normale Leben.“

Aufgabe 6

direkte Informationen	indirekte Informationen
– die Stadt gefällt ihm, das gilt auch für die neue Schule – liebt das stressfreie Leben	– nicht ehrgeizig, sonst wäre er mit seinen Leistungen aufs Gymnasium gewechselt – selbstständig: er kocht selbst etwas – hat viel mitgemacht: Gerichtsvollzieher etc.

Aufgabe 7
Beispiellösung
In dem Romanauszug „Alleingelassen“ von Thomas Fuchs geht es um einen Ich-Erzähler, der mit seiner Mutter und seinen Geschwistern in eine neue Wohnung gezogen ist.

Aufgabe 8
Beispiellösung
Die Hauptfigur ist ein Ich-Erzähler, der bereits viel mitmachen musste. Beispielsweise Umzüge (Zeile 3), „Gerichtsvollzieher, Kinderheim, Zwangsräumung [...].“
Jetzt führt er ein „normales“ Leben, was er genießt „Ich liebte dieses normale Leben.“ Er wird als verantwortungsbewusst und selbständig charakterisiert. Er kocht „[...] entweder kochte ich mir dann was [...].“ selbst und fühlt sich für seine Familie verantwortlich.

Aufgabe 9
Beispiellösung
Zusammenfassend kann man sagen, dass es sich bei der Hauptperson, um einen ‚normalen‘ Jugendlichen handelt, der bereits viel erleben musste und deswegen seine jetzige Lebenssituation zu genießen scheint.

Seite 28–29

Aufgabe 1 und 2

1 Hochseilartist Nik Wallenda hat einmal wieder die Welt in Atem gehalten und zwei aufsehenerregende Drahtseilkunststücke über den Dächern von Chicago vollbracht.
2 Zuerst ging der 35-Jährige auf einem Drahtseil bergauf, dann ging er geleitet durch Rufe seines Vaters mit verbundenen Augen vom Dach eines Wolkenkratzers zu einem anderen – alles in etwa 200 Metern Höhe.
3 Die Aktion war perfekt vorbereitet. Die Seile, etwa zwei Zentimeter dick, waren mit Dutzenden Halteleinen verspannt. Eine Spezialbeschichtung sollte dafür sorgen, dass sich kein Eis auf dem Stahl bildete.
4 Eine Schlaufe am Drahtseil, wie er sie über den Niagarafällen noch hinter sich herzog, gab es diesmal nicht. Und bei einer Höhe von zweihundert Metern hätte er nicht die geringste Chance gehabt.
5 „Wir sind seit 200 Jahren Artisten, in siebter Generation, meine drei Kinder in der achten. 15 Mitglieder meiner Familie sind auf dem Seil", sagt er. Eine Zahl erwähnt er nicht: Schon sieben Wallendas starben, als sie abstürzten.

Aufgabe 3
Individuelle Schülerlösung

Aufgabe 4
Keine Entspannung in Afrikas Flüchtlingszentren (Politik)
Der Arbeitskampf war erfolgreich (Wirtschaft)
Akrobatik vor dem Tor (Sport)
Ladendiebe hatten Jacken im Blick (Lokales)
Das Publikum bevorzugt Komödien (Kultur)

Aufgabe 5

Politik		Lokales		Wirtschaft		Sport		Kultur	
1	8	5	7	3	10	4	9	2	6

Aufgabe 6 EXTRA
Individuelle Schülerlösung

Seite 30–31

Aufgabe 1 und 2

Wie Fische im Wasser

dpa Die Forscher Bruce Cantrell und die Forscherin Jessica Fain stellten einen neuen Rekord auf.	Woher stammt die Nachricht? Wer ist beteiligt?
Sie lebten 73 Tage unter Wasser. Der Rekord aus dem Jahre 1992 lag bei 69 Tagen.	Was ist passiert?
Der Versuch von Cantrell und Fain fand in Key Largo (Florida) in einem ehemaligen Forschungslabor statt.	Wo ist es passiert?
Von hier aus gaben die beiden Biologen sogar Unterricht, um für das Fach Biologie zu begeistern. Kurz vor Weihnachten waren sie dann sehr froh, nach der erfolgreichen Aktion ihre Unterwasserwelt wieder verlassen zu dürfen.	Warum ist es passiert? Wann ist es passiert?
Ihre 28 Quadratmeter große Unterwasserwohnung wurde von Land her andauernd kontrolliert. Wenn zum Beispiel keine Druckluft nach unten gelangt wäre, hätte sich das Labor sehr schnell mit Wasser füllen können.	Wie ist es passiert?

Aufgabe 3
Beispiellösung

Neuer Unterwasserrekord

Die Forscher Bruce Cantrell und die Forscherin Jessica Fain stellten einen neuen Rekord auf, indem sie in einem ehemaligen Forschungslabor 73 Tage unter Wasser lebten. (dpa)

Aufgabe 4
geschlossene Fragen: Wo ist die größte Tropfsteinhöhle in Deutschland? Wie lange dauert der Rundgang?
offene Fragen: Wie äußern sich die Touristen nach dem Besuch? Wie gefiel Ihnen der Besuch in der Höhle?

Aufgaben 5 und 6
Beispiellösung
geschlossene Frage: Wie lange dauert es, bis sich eine Tropfsteinhöhle bildet?
„Es dauert extrem lang, bis sich eine Tropfsteinhöhle bildet. Bei den meisten muss man mit Zeiträumen von Jahrmillionen rechnen."
offene Frage: Beschreibe das Aussehen von Stalagtiten und Stalagmiten.
„An den Höhlendecken bilden die Kalkreste die nach unten wachsenden Stalagtiten. Fällt der Wassertropfen nach unten, lässt sein Kalkanteil Stalagmiten nach oben wachsen."

Aufgabe 6
Die Besucher umfängt feucht-kühle Luft. Mitten in der Zauberhalle steht ein riesiger Stalagmit. Er sieht aus wie ein Wasserfall. Tiefer geht es in den Berg hinein. Man spürt den glitschigen Boden unter den Füßen. Tropfsteine hängen wie zerbrechliches Porzellan von der Decke herab. An einigen Stellen ist das Tropfen des Wassers zu hören. Der Geruch von nassem Gestein steigt in die Nase.

Seite 32–33

Aufgaben 1 und 2
Pro Kontra
von Christof Ziehmann
Einleitung
Soll man sich im Internet alles ansehen? Oder sollte man sich an einigen Stellen der Bilderflut verweigern? In den täglichen Nachrichtensendungen werden die schrecklichsten Bilder aus Kriegsgebieten nicht gesendet. Im Internet erscheinen solche Nachrichten ungefiltert.

Die JIM Studie informierte, dass innerhalb von nur zwei Jahren die Zahl der Gewaltdarstellungen, die Jugendliche über das Internet erhalten, von 4 auf 14 Prozent angewachsen ist. In der EU sind 75% der Kinder zwischen sechs und 17 Jahren online. Ein Mausklick – und Schreckensbilder sind in den Köpfen. Und die sind nicht ohne weiteres zu löschen. Demgegenüber steht der Wunsch nach umfassenden und frei zugänglichen Informationen. Der Austausch untereinander und die Teilhabe an Diskussionsprozessen sind wichtige Errungenschaften des Internets. Wie das eine verhindern und das andere ermöglichen? Wir müssen lernen, mit den Chancen und Risiken des Internets umzugehen und Verhaltensweisen entwickeln, die uns schützen. Dazu gehört auch, mal etwas nicht anzuschauen.

Schluss
Kinder und Jugendliche brauchen einen besonderen Schutz. Die Entwicklung von Medienkompetenz könnte ihnen helfen.

Aufgabe 3
Beispiellösung
Bilderflut im Internet

Aufgabe 4
Individuelle Schülerlösung

Aufgabe 5
Die Masse von *Tschuri* ist im Vergleich zur Erde sehr gering.
Am Mittwochnachmittag landete das Mini-Labor auf dem Kometen *Tschuri*.
Kometen sind Überbleibsel aus der Anfangszeit unseres Sonnensystems.
Philae setze mit einer Geschwindigkeit von nur wenigen Stundenkilometern auf.
Die Landung von *Philae* auf Tschuri ist die erste Landung eines von Menschen konstruierten Geräts auf einem Kometen.
Das Mini-Labor hat die Größe eines Kühlschranks.
Der Abstieg von *Philae* zum Kometen Tschuri dauerte viele Stunden.
Das Labor wird nach Stoffen suchen, die bei der Entstehung von Leben auf unserem Planeten eine Rolle gespielt haben könnten.
In gut 22 Kilometern Höhe wurde das Mini-Labor von seiner Trägersonde Rosetta ausgeklinkt und sank auf den Kometen nieder.

Aufgabe 6
Beispiellösung
Mini-Labor erfolgreich auf Kometen gelandet
Am Mittwochnachmittag landete das Mini-Labor *Philae* auf dem Kometen *Tschuri*. Es war die erste Landung eines von Menschen konstruierten Geräts auf einem Kometen.
Das Labor wird nach Stoffen suchen, die bei der Entstehung von Leben auf unserem Planeten eine Rolle gespielt haben könnten. Das ist möglich, weil Kometen Überbleibsel aus der Anfangszeit unseres Sonnensystems sind. In gut 22 Kilometern Höhe wurde das Mini-Labor, das die Größe eines Kühlschranks hat, von seiner Trägersonde Rosetta ausgeklinkt und sank auf den Kometen nieder. Der Abstieg von *Philae* zum Kometen *Tschuri* dauerte viele Stunden. Da die Masse von *Tschuri* im Vergleich zur Erde sehr gering ist, setzte *Philae* mit einer Geschwindigkeit von nur wenigen Stundenkilometern auf.

Seite 34–35
Aufgabe 1

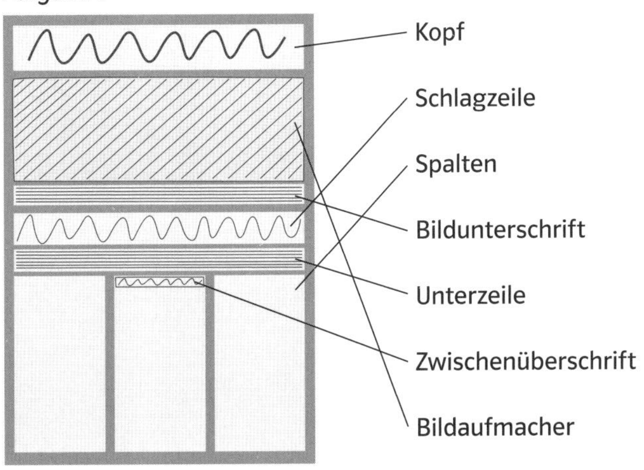

Aufgabe 2
Beispiellösung
Straßenbahn kippt in Kurve um
(dpa) Kurz vor 12 Uhr kippte kurz hinter der Haltestelle „Uni-Platz" die Straßenbahn der Linie 57 in einer Kurve zur Seite. Die Kupplung zwischen den Waggons war gerissen. Der Fahrer und neun Fahrgäste wurden verletzt.

Aufgabe 3
Beispiellösung
Ich liege im noch warmen Gras. Die Dunkelheit nimmt zu und hüllt alles ein. Mein Blick geht nach oben zu den Sternen. Stern um Stern wird sichtbar und lässt eine glitzernde Lichterdecke entstehen.

Aufgabe 4
Beispiellösung
Offene Frage: Warum trägt das Mini-Labor den Namen Philae?
Geschlossene Frage: Woher stammt der Name Philae?

Aufgabe 5
Individuelle Schülerlösung

Seite 36–37
Aufgabe 1
Werbemittel sind die konkrete Ausgestaltung der Werbung in Form von Anzeigen, Broschüren, Fernsehspots etc.

Aufgabe 2
Der Werbeträger bringt die Werbung mithilfe von Werbemitteln zum Verbraucher. Am Werbeträger Litfaßsäule können viele Werbemittel in Form von Postern oder Plakaten befestigt sein. Das Besondere an der abgebildeten Litfaßsäule ist, dass sie die Form des Produktes widerspiegelt.

Aufgabe 3
Wie Werbung funktioniert
Durch eine schrille Anzeige soll die Aufmerksamkeit der Menschen geweckt werden. Anschließend sorgt ein positives Gefühl für das Interesse am Produkt. Ist dieses erst vorhanden, gilt es den Besitzwunsch zu erzeugen. Dadurch wird der Verbraucher zum Kauf angeregt.
Werbung funktioniert dann erfolgreich, wenn alle Punkte des AIDA-Modells nacheinander ablaufen.

Aufgabe 4
Es wird für einen Zoo geworben.

Aufgabe 5
Werbeträger: Bus
Werbemittel: Beklebung auf dem Bus

Aufgabe 6
Beispiellösung
- Meine Aufmerksamkeit richtet sich auf die Riesenschlange, die einen Bus im Würgegriff hat. Die Gestaltung der Anzeige ist witzig, daher richte ich meine Aufmerksamkeit darauf.
- Da ich immer auf der Suche nach interessanten Freizeitaktivitäten bin, weckt die witzige Werbung mein Interesse.
- Bei der Anzeige muss ich schmunzeln und ich habe ein gutes Gefühl beim Betrachten.
- Am nächsten Wochenende plane ich einen Zoobesuch.

Seite 38–39

Aufgabe 1
Die Anzeige wirbt für eine Limonade.

Aufgabe 2

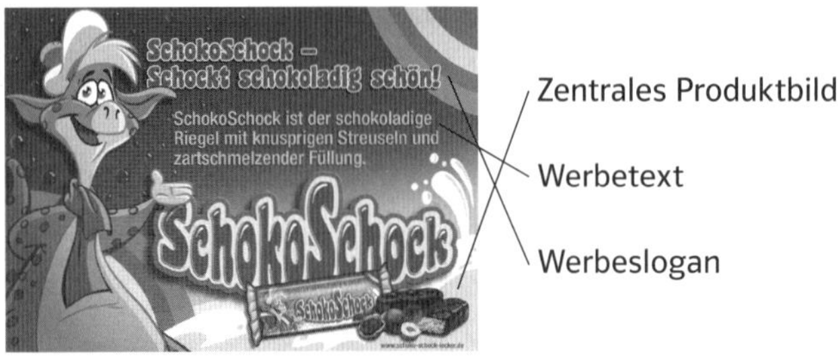

Aufgabe 3
Individuelle Schülerlösung

Aufgabe 4
Beispiellösung
Auf der Anzeige ist ein Dino abgebildet, der auf einen Schokoriegel zeigt.
Als erstes fällt der große Schriftzug SchokoSchock ins Auge.
Der Text befindet sich in großer Schrift über dem Riegel.
Die Anzeige nutzt eine Alliteration „SchokoSchock - schockt schokoladig schön!" und erzeugt damit Aufmerksamkeit.

Aufgabe 5
Beispiellösung
natürlich, genussvoll, gemütlich, cremig

Aufgabe 6
Beispiellösung
Der neue Schokoriegel schmeckt so cremig, dass man genussvoll einen Zweiten möchte.

Aufgabe 7
Beispiellösung
<u>streichzarte</u> Butter
<u>reichhaltige</u> Gesichtscreme
<u>aufregende</u> Reise
<u>sprudelige</u> Limo

Aufgabe 8
In der Werbesprache werden häufig Attribute verwendet, damit der Verbraucher eine bessere Vorstellung vom Produkt bekommt und sich die Vorzüge des Produkts besser einprägen kann.

Aufgabe 9 bis 11
Individuelle Schülerlösung

Seite 40–41

Aufgabe 1

Banner	Skyscraper
Layer-Ad	Pop-up

Aufgabe 2

Werbeform	Beschreibung
Countdown Spot	Die Sendung werden nur kurz unterbrochen, die ablaufende Zeit zeigt an, wann das Programm fortgesetzt wird
Flankierer	Spots, die direkt vor oder nach einer Sendung gezeigt werden
Werbeblock	Die Fernsehsendung wird unterbrochen, mehrere Spots am Stück werden gezeigt
Sponsoring	Vor oder nach der Sendung sieht man den Hinweis „Die Sendung wurde unterstützt von …"
Product Placement	Produkte werden innerhalb einer Sendung gezeigt.

Aufgabe 3 bis 8
Individuelle Schülerlösung

Seite 42–43

Aufgabe 1
Auf dem Plakat wird für Busse und Bahnen der Berliner Verkehrsbetriebe geworben.

Aufgabe 2
Die Zielgruppe sind eher junge Leute, da auf dem Plakat auch ein junger Mann abgebildet ist.

Aufgabe 3
- Auf dem Plakat ist ein im Sitzen schlafender, junger Mann in einem Kleid zu sehen, der sich in einer Bahn oder einem Bus befindet.
- Als Erstes fällt der Mann mit seinem ungewöhnlichen Outfit auf.
- Der Text befindet sich unten in der Anzeige.
- Das ungewöhnliche Bild sowie der Slogan erregen Aufmerksamkeit.

Aufgabe 4
Der Slogan sagt aus, dass die BVG einen zu jeder Tages- und Nachtzeit nach Hause befördert. Es wird vermutet, dass dies die eigene Mutter nicht tun würde.

Aufgabe 5
In der Anzeige wird die Jugendsprache „Mudda" verwendet, was eine junge Zielgruppe anspricht und die Anzeige noch witziger macht.

Aufgabe 6
Beispiellösung
1. Plakatwand in der U-Bahnstation.
2. Bus als Werbeträger.

Bei beiden Beispielen kommt die Zielgruppe (junge Menschen, die mit dem Bus oder der U-Bahn fahren) direkt mit der Anzeige in Berührung.

Aufgabe 7 EXTRA

	Werbeanzeige/ Zeitschrift	Werbespot/ Fernsehen
Werbemittel/ Werbeträger	Anzeige, Zeitschrift	Spot, Fernsehen
Aufmerksamkeitsdauer	kurzer Moment beim Durchblättern	so lange der Spot dauert, etwa 30 Sekunden
Welche Sinne werden angesprochen?	Sehen	Sehen, Hören
Wodurch werden die verschiedenen Sinne angesprochen?	Produktbild, Werbefigur, Farbe, Schrift: Werbetext, Slogan	Produktbild, Handlung des Spots (Werbefigur), gesprochene Sprache, Musik

Seite 44–45

Aufgabe 1

	Moderne Kurznachricht	Älterer Brief
Einfluss aus einer anderen Sprache	Date	Rendezvous
Abkürzungen	CU	–
Anredeform	Ich denke an dich	Ich gedenke Ihrer
Moderne/veraltete Wortwahl	krass	redlich

Aufgabe 2

In modernen Kurznachrichten werden häufig Abkürzungen verwendet. Früher wie heute findet man Lehnwörter oder Fremdwörter in der Sprache. Während sie früher eher aus dem Französischen oder Latein abgeleitet wurden, haben sie ihren Ursprung heute oft in der englischen Sprache. Als Anredeform wird heute häufiger das „Du“ verwendet, während man früher eher „Sie“ zueinander sagte. Viele Begriffe von früher sind aus unserem heutigen Wortschatz fast verschwunden.

Aufgabe 3

Individuelle Schülerlösung

Aufgabe 4

Sympathie		
1. aufgrund gewisser … → Bedeutungswörterbuch	Gefallen, Gefühl, … → Synonymwörterbuch	lateinisch sympathia < … → Fremdwörterbuch

Aufgabe 5

Neuhochdeutsch (ab 1450)	→	fühlen
		↑
Frühneuhochdeutsch (ab 1450)	→	fühlen
		↑
Mittelhochdeutsch (1050–1450)	→	vüelen
		↑
Althochdeutsch (800–1050)	→	fuolen
		↑
Indogermanisch	→	keine Auskunft

Aufgabe 6

Neuhochdeutsch (ab 1450)	→	Schmerz
		↑
Frühneuhochdeutsch (ab 1450)	→	Schmerz
		↑
Mittelhochdeutsch (1050–1450)	→	smerze
		↑
Althochdeutsch (800–1050)	→	smerzo
		↑
Indogermanisch	→	[s]mer

Neuhochdeutsch (ab 1450)	→	Heim
		↑
Frühneuhochdeutsch (ab 1450)	→	Heim
		↑
Mittelhochdeutsch (1050–1450)	→	
		↑
Althochdeutsch (800–1050)	→	heim
		↑
Indogermanisch	→	kei

Neuhochdeutsch (ab 1450)	→	Freude
		↑
Frühneuhochdeutsch (ab 1450)	→	Freude
		↑
Mittelhochdeutsch (1050–1450)	→	vröude
		↑
Althochdeutsch (800–1050)	→	frewida, frouwida, zu froh
		↑
Indogermanisch	→	keine Auskunft

Neuhochdeutsch (ab 1450)	→	Platz
		↑
Frühneuhochdeutsch (ab 1450)	→	Platz
		↑
Mittelhochdeutsch (1050–1450)	→	pla(t)z
		↑
Althochdeutsch (800–1050)	→	keine Auskunft
		↑
Indogermanisch	→	keine Auskunft

Neuhochdeutsch (ab 1450)	→	Garten
		↑
Frühneuhochdeutsch (ab 1450)	→	Garten
		↑
Mittelhochdeutsch (1050–1450)	→	garte
		↑
Althochdeutsch (800–1050)	→	garto
		↑
Indogermanisch	→	keine Auskunft

Seiten 46–47

Aufgabe 1

1 Deutsch 2 Englisch 3 Französisch 4 Italienisch

Aufgabe 2

Überset-zungen von	Sprache	für dich	Ich liebe dich	D	GB	F	I
Deutsch (D)	Sprache	für dich	Ich liebe dich	/	+	–	–
Englisch (GB)	language	for you	ti amo	+	/	+	+
Französisch (F)	lingue	per te	te quiero	–	+	/	+
Italienisch (I)	langues	pour toi	je t'aime	–	+	+	/

Aufgabe 3

Individuelle Schülerlösung

Aufgabe 4

	C. F. Meyer: Zwei Segel	Reiner Kunze: Rudern zwei
Thema	Das Gedicht stellt zwei unzertrennliche Menschen, die im Einklang miteinander sind durch eine Metapher dar.	Das Gedicht beschreibt, wie sich zwei unterschiedliche Menschen gut ergänzen.
Form (Strophen, Reimschema, Metrum)	Drei Strophen mit vier Versen, Kreuzreim	Kein regelmäßiges Reimschema, besteht aus einer einzigen Strophe
Auffällige Begriffe	Begehrt (Zeile 9), rasten (Zeile 11), Gesell (Zeile 12)	führn (Zeile 8)
Auffällige Schreibweise	Alle Versanfänge groß, sonst regelkonforme Schreibweise	Alle Wörter – bis auf das erste Wort des Gedichts „Rudern" kleingeschrieben

Aufgabe 5

Beispiellösung

Das Gedicht „Zwei Segel" von C. F. Meyer ist vermutlich das ältere der beiden. Dies merkt man vor allem an der Verwendung von eher älteren Begriffen wie „Begehrt" (Zeile 9), „rasten" (Zeile 11) und „Gesell" (Zeile 12).

Reiner Kunzes Gedicht hat eher eine moderne Sprache und auch an der Kleinschreibung, die konsequent verwendet wird, merkt man, dass es sich hier um ein modernes Gedicht handelt.

Aufgabe 6 EXTRA

Individuelle Schülerlösung

Seite 48–49

Aufgabe 1

Mein steter Gedanke,
ich weiß, ich bin ein Tor zu glauben, auch Ihr hättet mich auf dem Fest zu Ehren des Fürsten bemerkt. Und doch denk ich jeden Moment an Euren Anblick, an das kleine Lächeln, dass Ihr mir schenktet. Darf ich Vermessener hoffen, Euch wiederzusehen? Ich werde alles, was von mir abhängt, tun, um mein Leiden zu verkürzen.
Nennt mir einen Ort und einen Zeitpunkt Euch zu treffen und ich werde eilen, um ja rechtzeitig dort zu sein, denn dieser Zeitpunkt wird das Glück meines ganzen Lebens ausmachen.
Ihr Alexander

hi,
hab dich auf der party bei maja gesehen und du hast mich angelächelt (-^_^-). ich war der große blonde mit dem schwarzen hemd, der mit costa da war. ich würde dich gerne daten!? DaD:
lg
mike

Aufgabe 2

	richtig	falsch
In der modernen Nachricht wird häufig so geschrieben wie auch gesprochen wird.	×	
Abkürzungen werden in beiden Nachrichten verwendet.		×
Emoticons findet man nur in modernen Nachrichten.	×	
Ältere Nachrichten haben einen einfacheren Satzbau.		×
In modernen Nachrichten wird häufig kleingeschrieben.	×	

Aufgabe 3

Abkürzungen werden häufiger in modernen Nachrichten verwendet.
Ältere Nachrichten haben oft einen komplizierteren Satzbau.

Aufgabe 4

Baumschmuser	Naturfreund
Heuchlerbesen	Blumenstrauß
hunten	Partnersuche
übelst	stark
wacken	etwas nicht begreifen
Stornokarte	Laufpass geben
Playa	jemand der gut aussieht
urgeil	sehr gut

Aufgabe 5

Übertreibungen/Intensivierungen: urgeil
Metapher: Baumschmuser, Heuchlerbesen, strahlen, Stornokarte, wacken
Bedeutungsumkehrung: übelst
Anglizismus: hunten, Playa

Aufgabe 6

Individuelle Schülerlösung

Aufgabe 7

Beispiellösung

Die Jugendsprache ist wie eine Art Geheimcode, der von den Erwachsenen nicht immer verstanden wird. Damit grenzt man sich als Jugendlicher zum einen von der Welt der Erwachsenen und zum anderen auch von der Welt der Kinder ab und schafft ein Gemeinschaftsgefühl untereinander.

Aufgabe 8 EXTRA

Individuelle Schülerlösung

Seite 50–51

Aufgabe 1
Individuelle Schülerlösung

Aufgabe 2
Typische Merkmale einer älteren Briefsprache sind in dem Brief von Caroline Flachsland an Johann Gottfried Herder, dass sie ihn siezt und eine heute veraltete Wortwahl verwendet.

Aufgabe 3
redlichst, verhelen, Sie, wunderliches, Ihr, rechtschaffenes, gerührte, zerfließe, Thränen, Ihre

Aufgabe 4
Beispiellösung
Caroline Flachsland gesteht in diesem Brief Herder ihre Gefühle. Sie ist in ihn verliebt und freut sich, dass die beiden sich kennen.

Aufgabe 5
„[...] ich bin froh, ich bin glücklich, daß unsre Herzen sich kennen."

Aufgabe 6
Individuelle Schülerlösung

Aufgabe 7
Das Wort „Seele" ähnelt sich in den Sprachen Niederländisch, Deutsch und Englisch, da sie sich alle aus einer frühen germanischen Sprache entwickelt haben und zu der germanischen Sprachfamilie gehören. Französisch, Italienisch und Spanisch hingegen entstammen dem Latein und gehören zu den romanischen Sprachen.

Seite 52–53

Aufgabe 1
Nomensignale
Toni und Baran fahren dieses Jahr zum ersten Mal ohne ihre Eltern zum Skifahren in die Schweizer Alpen. Das Kofferpacken wird von ihren Eltern streng kontrolliert. Obwohl sie erst morgen fahren, haben sie schon gestern alles Notwendige eingepackt.
Als die Fahrt losgeht, stehen Toni und Baran früh am Abend mit ihren Eltern am Bus. Die Jungen werden früh am Morgen an ihrem Ziel ankommen und wenn sie zurück sind, werden sie viel Lustiges erzählen können.

Aufgabe 2

Grundwort Verb	Grundwort Adjektiv
zum Skifahren → skifahren	alles Notwendige → notwendig
das Kofferpacken → Koffer packen	viel Lustiges → lustig

Aufgabe 3
Schweizer Käse, Mont Blanc, ligurisches Meer, Schiefe Turm von Pisa

Aufgabe 4
1. Das Tragen von Helmen ist Pflicht auf der Skipiste.
2. Das Skifahren neben der präparierten Skipiste ist verboten.
3. Das Wandern auf der Skipiaste ist nicht erlaubt.

Aufgabe 5
seid: 2. Person Plural Präsens von „sein"
seit: Darstellung eine Zeitraums

Aufgabe 6
Baran und Toni sind seit zwei Tagen in der Schweiz.
Der Skilehrer sagt: „Im Moment seid ihr noch Anfänger."
„Nächste Woche seid ihr in der Lage den Berg hinunter zu fahren."

Aufgabe 7

ent-	end-	wieder-	wider-
entfernen	Endspurt	Wiederholung	widersetzen
Entschuldigung	endlos	wiedergeben	widerlegen
Entsetzen	endgültig	Wiederwahl	Widerrede
		wiederkommen	widersprechen
entgleisen			widerlich
entwerfen			

Aufgabe 8
Beispiellösung
Lieber Peter,
heute ist wirklich ein widerliches Wetter, aber so haben wir endlich Zeit, dir zu schreiben. Es ist super hier und wir sind total entsetzt, dass wir uns jetzt schon im Endspurt unserer Ferien befinden. Für uns steht fest: Wir werden wiederkommen! Und vielleicht kommst du dann ja mit.
CU
Baran und Toni

Seite 54–55

Aufgabe 1
Beispiellösung
Sonnenbaden, verbuddeln, entdecken, losheulen, sonnenbaden, Burgbauen, Eisessen, verkaufen, superheiß, erbauen abtauchen, rumrennen, Kraulschwimmen, Ballspielen, spazierengehen, verbrennen

Aufgabe 2
Beispiellösung
1. Wir verbuddeln Vater im Sand.
2. Der Mann liegt schon seit Stunden zum Sonnenbaden in der Hitze.
3. Nach dem Ballspielen gehen wir Eisessen.

Aufgabe 3
Strandszenen
Julia kommt heute schon vor dem Frühstück zum *Spazierengehen* an den Strand. Aber es ist schon viel los. Während ein älteres Ehepaar sich in die Fluten des *feuchtkühlen* Meeres stürzt, sucht ein Mann nach seinem *entlaufenen* Hund. Einige wollen schon *sportlich sein* und gehen zum Volleyballnetz, wo ein Gymnastikkurs *stattfindet*.

Aufgabe 4 EXTRA
Beispiellösung
Heute ist es besonders heiß und alle liegen im Schatten oder gehen sofort in Wasser. Wer heute nicht aufpasst, verbrennt sich schnell seine Haut und viele tragen Sonnenhüte und das Eincremen ist heute sehr wichtig.
Die Kinder sind nicht mehr aus dem Wasser zu entfernen. Sie nehmen ihre Wasserbälle, Taucherbrillen und Flossen und bleiben stundenlang im Wasser.

Aufgabe 5

R	H	O	R	P	W	D	I	B	A	K	1. intelligent
I	N	T	E	L	L	I	G	E	N	T	2. Reaktion
T	P	S	A	O	A	S	R	M	N	A	3. Physik
K	S	L	K	V	O	K	A	B	E	L	4. Konjunktion
O	W	L	T	A	P	U	M	G	F	E	5. Natur
P	V	O	I	S	Y	S	A	H	K	N	6. Proband
H	Q	W	O	E	B	S	R	H	J	T	7. Vokabel
Y	C	U	N	W	L	I	L	D	E	G	8. Diskussion
S	S	I	K	P	R	O	B	A	N	D	9. Vase
I	K	A	B	J	I	N	A	T	U	R	10. Talent
K	O	N	J	U	N	K	T	I	O	N	

Aufgabe 6

Aussprache (v wie w, ph wie f)	Präfix (Anfangsbaustein)	Suffix (Endbaustein)
Physik	Diskussion	intelligent
Vokabel	Proband	Diskussion
Vase	Reaktion	Talent
		Natur
		Konjunktion
		Reaktion

Aufgabe 7
Eine Konjunktion ist ein Verbindungswort , z. B. weil, und, den, …

Aufgabe 8
Beispiellösung
Vase = Ein dekoratives Gefäß, in dem Schnittblumen aufbewahrt werden.
Diskussion= Mehrere Personen unterhalten sich zu einem Thema, über das sie unterschiedlicher Meinung sind.
Natur = Damit ist all das gemeint, was nicht vom Menschen erschaffen wurde.

Seite 56–57

Aufgabe 1
Satzgefüge Satzreihe

Endlich kommt die 8d in Bremerhaven an,	weil vier Schülern in einem Boot schlecht wird.
Am ersten Tag ist ein Besuch im Auswanderermuseum geplant	und außerdem geht die Klasse noch in das Klimahaus.
Nicht alle nehmen an der geplanten Hafenrundfahrt teil,	nachdem sie vier Stunden mit dem Bus unterwegs waren.

Aufgabe 2
In Satzgefügen steht zwischen Nebensatz und Hauptsatz immer ein Komma.

Aufgabe 3
Das Deutsche Auswandererhaus Bremerhaven versetzt seine Besucher in die Zeit des neunzehnten Jahrhunderts, als 7,2 Millionen Menschen von Bremerhaven aus nach Amerika auswanderten. Jeder Museumsgast erhält eine eigene Identität und schlüpft damit in die Rolle einer anderen Person in einer anderen Zeit.
Zunächst werden alle Passagiere wie vor 150 Jahren mit einem Schiff in ein neues Land gebracht und können das neue Leben dort anhand ihrer Rolle verfolgen.
Das Leben vieler Auswanderer von damals, die die Besucher in Bremerhaven nachleben können, hat das Museum nachvollzogen. Bremerhaven bietet hiermit ein Museum, das Geschichte nicht nur nacherzählt sondern auch miterleben lässt.

Aufgabe 4
Hier wird „das“ eingesetzt, weil es sich auf „Museum“ bezieht und durch „welches“ ersetzt werden kann. Es handelt sich um ein Relativpronomen.

Aufgabe 5
rosa → Subjekt grün → Objekt
blau → Adverbiale Bestimmung

Aufgabe 6
Subjekte: Es, Die Dauerausstellung
Objekte: den Klimawandel, konkrete und einfache Klimaschutz-Tipps
Adverbiale Bestimmungen: in der Vergangenheit, Gegenwart und Zukunft, Im Ausstellungsbereich „Elemente“

Aufgabe 7 und 8
Das moderne Sightseeing Boot fährt durch alle sieben Überseehäfen. Das bunte Treiben der Überseeschiffe kann hautnah miterlebt werden. Auf der Rundfahrt gibt es fachmännische Erklärungen vom Kapitän.
Das Glasdach des Bootes bietet dabei ein Blick in alle Richtungen.

Aufgabe 9 EXTRA
Individuelle Schülerlösung

Seite 58–59

Aufgabe 1
In den Sätzen gibt es sehr umständliche Formulierungen, die durch die jeweilige Umformulierung, also die Bildung von Nebensätzen, vereinfacht werden.

Aufgabe 2
Ein Hauptsatz wird zu einem Satzgefüge mit einem Haupt- und einem Nebensatz umformuliert. Dabei muss man besonders auf die Kommas zwischen Hauptsatz und Nebensatz achten.

Aufgabe 3
Der mit dem Fahrrad nach Italien Reisende muss einige Pässe der Alpen überwinden.
Wer mit dem Fahrrad nach Italien reist, muss einige Pässe der Alpen überwinden.
Die Gepäckmitnahme muss daher gut überlegt sein.
Man muss sich gut überlegen, welches Gepäck man mitnimmt.

Aufgabe 4 EXTRA
Der umformulierte Satz Nummer (2) hat einen eingeschobenen Nebensatz. Das erkennt man an den zwei Kommas, die den eingeschobenen Nebensatz von dem Hauptsatz trennen.

Aufgabe 5 und 6

1. Dass die Überquerung der Alpen auch heute noch eine Herausforderung sein kann, merkt man bei einer Fahrt mit einem bequemen Auto nicht.
   → Wen oder was merkt man bei einer Fahrt mit einem bequemen Auto nicht?
   Satzart: Objektsatz

2. Zahlreiche Möglichkeiten, die mehr oder weniger anstrengend sind, bieten sich sportlichen Menschen für eine Alpenüberquerung.
   → Welche zahlreichen Möglichkeiten bieten sich sportlichen Menschen für eine Alpenüberquerung?
   Satzart: Attributsatz

3. Bevor man eine solche Überquerung antritt, sollte man sich körperlich gut vorbereiten.
   → Wann sollte man sich körperlich gut vorbereiten?
   Satzart: Adverbialsatz

4. Wer eine Überquerung im Sattel machen möchte, kann dieses mit dem Fahrrad oder auf einem Pferd machen.
   → Wer oder was kann dieses mit dem Fahrrad oder auf einem Pferd tun?
   Satzart: Subjektsatz

Aufgabe 7
Beispiellösung
Bei Naturliebhabern ist auch das Überqueren der Alpen mit dem Pferd sehr beliebt, so dass die Landschaften, die sehr eindrucksvoll sind (Attributsatz), in Ruhe betrachtet werden können (Adverbialsatz). Mehrere Reiseunternehmen bieten mittlerweile eine solche Tour an, die auch „hoch zu Ross" über die berühmte Via Claudia Augusta führt (Attributsatz).

Seite 60–61

Aufgabe 1
Verben stehen, je nachdem was man ausdrücken möchte, in verschiedenen Modi. Der Indikativ beschreibt eine reale Handlung. Er drückt aus, dass etwas wahr/wirklich ist. Wohingegen der Konjunktiv die Möglichkeit anbibt, dass etwas sein könnte.

Aufgabe 2
Alles nur ein Traum
Ich gehe auf dem Mond spazieren. Das Vorhaben benötigt viel Aufwand, denn man kann die Kolonie nicht einfach verlassen. Also nehme ich den Raumanzug aus der Kabine und ziehe ihn an. Es dauert etwa 20 Minuten, bis ich alles anhabe. Dann kontrolliere ich die Atemschläuche und die Luftzufuhr. Fertig ausgerüstet mache ich mich auf den Weg zur Schleuse. Die Magnetfeldstiefel wiegen jeweils siebeneinhalb Kilo. Ich komme nur schleppend voran und schwitze unheimlich. Die Schleuse trennt die Kolonie, die aus Tanks Sauerstoff erhält, von der freien Mondoberfläche, auf der es weder Atemluft noch ausreichend Schwerkraft gibt. Endlich! Ich lasse die neonfarbenen Lichter hinter mir, hüpfe voran und blicke in die Dunkelheit des Alls. Ganz weit draußen sehe ich die Erde leuchten.

Aufgabe 3
In welchem Tempus ist der Text geschrieben?
Antwort: Präsens
In welchem Modus ist der Text geschrieben?
Antwort: Indikativ

Aufgabe 4
Alles nur ein Traum
Ich ginge auf dem Mond spazieren. Das Vorhaben benötigte viel Aufwand, denn man könnte die Kolonie nicht einfach verlassen. Also nähme ich den Raumanzug aus der Kabine und zöge ihn an. Es würde etwa 20 Minuten dauern, bis ich alles anhätte. Dann würde ich die Atemschläuche und die Luftzufuhr kontrollieren. Fertig ausgerüstet machte ich mich auf den Weg zur Schleuse. Die Magnetfeldstiefel wögen jeweils siebeneinhalb Kilo. Ich käme nur schleppend voran und würde unheimlich schwitzen. Die Schleuse würde die Kolonie, die aus Tanks Sauerstoff erhielte, von der freien Mondoberfläche trennen, auf der es weder Atemluft noch ausreichend Schwerkraft gäbe.
Endlich! Ich würde die neonfarbenen Lichter hinter mir lassen, hüpfte voran und blickte in die Dunkelheit des Alls. Ganz weit draußen sähe ich die Erde leuchten.

Aufgabe 5

Indikativ/Präsens	Indikativ Präteritum	Konjunktiv II
ich brate	ich briet	ich briete
du wächst	du wuchst	du wüchsest
er greift	er griff	er griffe
sie rennt	sie rannte	sie rennte
es klingt	es klang	es klänge
wir singen	wir sangen	wir sängen
ihr trinkt	ihr tranket	ihr tränket
sie schwimmen	sie schwammen	sie schwömmen

Seite 62/63

Aufgabe 1
- man würde keine Fernseher mehr kaufen (Zeile 55/56)
- so müsste der Hersteller das Gerät zurücknehmen (Zeile 60–63)
- die Fernseher würden verstärkt so entwickelt (Zeile 63–65)

Aufgabe 2

	ich	du	er/sie/es	wir	ihr	sie
fahren	fahre	fahrest	fahre	fahren	fahret	fahren
fliegen	fliege	fliegest	fliege	fliegen	flieget	fliegen
machen	mache	machest	mache	machen	machet	machen

Aufgabe 3
Wissenschaftler meinen, dass die Zukunft viel Neues bringen werde.
Die Autobauer vermuten, dass es automatisch fahrende Fahrzeuge wirklich geben werde.
Viele sind überzeugt, dass das nicht funktionieren könne.

Aufgabe 4
Beispiellösung
1. Angelika Dietrich fragte, was aus Herrn Eberls Buch „Zukunft 2050" Spinnerei sei.
2. Ulrich Eberl entgegnet, das alles realistisch sei.
3. Die Journalistin erkundigte sich, was ihn so sicher mache.

Aufgabe 5
Beispiellösung
Protokoll: Interview mit Ulrich Eberl
Ich fragte ihn, wieviel von den Angaben in seinem Buch Spinnerei sei? Er entgegnete, er halte das alles für realistisch. Er unterstrich seine Meinung mit dem Beispiel, dass es bereits automatisch fahrende Autos in Pilotprojekten gebe.
Er stellte heraus, 2050 würden über 9 Milliarden Menschen auf der Erde leben. Das funktioniere nicht mit einer Wegwerfgesellschaft. Wir müssten mehr in Kreisläufen und an Wiederverwertbarkeit denken.

Seite 64–65
Aufgabe 1 und 2
Pro: emotionaler Wert, Inspiration in Bibliotheken und Buchhandlungen, Ruhe und Konzentration statt Hektik und Stress beim Lesen
Kontra: Bücher nicht mehr zeitgemäß und zu schwer, Zusatzfunktionen bei E-Books, E-Books günstiger

Aufgabe 3
Beispiellösung
Unser Alltag wird immer komplexer und wir müssen mit Flexibilität darauf reagieren. Gedruckte, schwere und unhandliche Bücher mitzunehmen, passt nicht mehr in die heutige Zeit.

Aufgabe 4
Beispiellösung
Meiner Meinung nach haben E-Books gegenüber gedruckten Büchern klare Vorteile, daher bin ich für die Nutzung elektronischer Bücher. Moderne E-Book-Reader ermöglichen uns das Lesen bei unterschiedlichen Lichtverhältnissen, was sehr praktisch ist, wenn man zum Beispiel am Strand im Urlaub lesen möchte.
Des Weiteren sind die vielen Zusatzfunktionen praktisch. Wörter, die man nicht kennt, kann man gleich nachschlagen, was zu einem konzentrierteren Lesen und umfassenderen Verständnis des Textes führt. Das geringe Gewicht und das hohe Speichervolumen sind besonders nützlich. Das Lieblingsbuch kann man jetzt immer mitnehmen.

Aufgabe 5
Ich finde gedruckte Bücher wunderschön, dennoch möchte ich mich der neuen Technik nicht verschließen und nutze gerne die vielen Vorteile, die E-Books bieten.

Inhalte des Online-Bereichs (Codes)

Klassenarbeiten

Seite	Beschreibung	Beschreibung im Buch	Code
66	KA 1: Einblicke in die Welt der Berufe - sich und andere informieren	Selbsteinschätzungsbogen	4a528m
68	KA 2: Theater, Theater! - Einen dramatischen Text erschließen	Selbsteinschätzungsbogen	p9rg99
70	KA 3: Außenseiter oder einfach nur anders? - Literarische Figuren charakterisieren	Selbsteinschätzungsbogen	678b5y
72	KA 4: Es steht in der Zeitung - sich in Zeitungen orientieren	Selbsteinschätzungsbogen	a6ee24
74	KA 5: Werbung ist überall - sich in der Welt der Werbung orientieren	Selbsteinschätzungsbogen	n2k6k6
76	KA 6: Liebesbotschaften früher und heute - Die Vielfalt der Sprache(n) untersuchen	Selbsteinschätzungsbogen	93e3xg
78	KA 7: Zukunftswelten - Nachdenken über Sprache	Selbsteinschätzungsbogen	bc5r3r

So funktioniert der deutsch.punkt-Code auf www.klett.de/online

Der Code bietet weitere Materialien wie Hörtexte und Arbeitsblätter zum Hörverstehen.
Gehe auf www.klett.de/online und gib dort den Code aus dem Arbeitsheft in die Suchleiste ein.

Selbsteinschätzungsbogen
4a528m

Raum für Notizen:

5 Entwickle einen Werbeslogan zu den Schuhen. Verwende dazu die sprachlichen Mittel der Werbung und Attribute.

→ Merke 130

6 Benenne die Zielgruppe für die Schuhe. Begründe deine Wahl.

7 Überlege dir eine Handlung zu deinem Werbespot.
- Notiere in vier Handlungsschritten, was gezeigt werden soll.
- Beschreibe wie die Darsteller aussehen und welche Requisiten benutzt werden.
- Fertige eine Skizze zu jedem Handlungsschritt an.

8 EXTRA Überlege, in welcher Form, wo und wann dein Werbespot im Fernsehen gezeigt werden soll. Begründe deine Entscheidung.

Hier könnte deine Werbung stehen

1 Sieh dir die folgende Werbeanzeige an. Schreibe auf, für was geworben wird.

Das Plakat wirbt für ______

1 BVG: Berliner Verkehrsbetriebe

2 Beschreibe, welche Zielgruppe diese Werbeanzeige anspricht.

→ Merke 128

3 Erkläre, wie die Anzeige aufgebaut ist. Beantworte dafür die folgenden Fragen.

- Was ist abgebildet?
- Was fällt dir als Erstes auf?
- Wo befindet sich der Text in der Anzeige?
- Mit welchen Mitteln erzeugt die Anzeige Aufmerksamkeit?

4 Erkläre den Werbeslogan mit eigenen Worten. → Merke 129

____

____

____

5 Nenne die sprachlichen Mittel, die in der Anzeige verwendet werden.

____

____

____

6 Überlege dir zwei Werbeträger für die Werbeanzeige. Schreibe sie auf und begründe deine Wahl. → Merke 126

1. ____

Begründung: ____

____

2. ____

Begründung: ____

____

7 EXTRA Wähle aus einer Zeitschrift oder dem Internet eine Werbeanzeige aus, für die es auch einen Werbespot im Fernsehen gibt. Vergleiche diese miteinander. Ergänze dazu die folgende Tabelle. → Merke 131

	Werbeanzeige/Zeitschrift	Werbespot/Fernsehen
Werbemittel/ Werbeträger	Anzeige Zeitschrift	Spot Fernsehen
Aufmerksamkeitsdauer	kurzer Moment beim Durchblättern	
Welche Sinne werden angesprochen?		
Wodurch werden die verschiedenen Sinne angesprochen?		

Ein Rendezvous oder ein Date

→ Merke 133 und Merke 137

1 Vergleiche die folgenden Begriffe miteinander. Welche findet man in einer modernen Kurznachricht und welche in einem älteren Brief? Ordne die Wörter in die Tabelle ein.

1 kurz für see you: man sieht sich
2 ehrenhaft

Date | cu[1] | Ich denke an dich | Rendezvous | Ich gedenke Ihrer | redlich[2] | krass

	moderne Kurznachricht	älterer Brief
Einfluss aus einer anderen Sprache		
Abkürzungen		
Anredeform		
moderne/veraltete Wortwahl		

→ Merke 137

2 Setze die Wörter in den folgenden Text ein.

„Sie" | modernen | Französischen | englischen | „Du" | früher

In ____________ Kurznachrichten werden häufig Abkürzungen verwendet. Früher wie heute findet man Lehnwörter oder Fremdwörter in der Sprache. Während sie früher eher aus dem ____________ und Latein abgeleitet wurden, haben sie ihren Ursprung heute oft in der ____________ Sprache. Als Anredeform wir heute oft das ____________ verwendet, während man früher eher ____________ zueinander sagte. Viele Begriffe von ____________ sind aus unserem heutigen Wortschatz fast verschwunden.

3 Verfasse zu dem Bild eine Kurznachricht oder einen älteren Brief. Berücksichtige dabei deine Ergebnisse aus den Aufgaben 1 und 2.

____

____

____

____

____

____

4 Verbinde die Erklärungen des Wortes *Sympathie* mit dem richtigen Nachschlagewerk.

→ Merke 134

Fremdwörterbuch

Synonymwörterbuch

Bedeutungswörterbuch

Sympathie Gefallen, Gefühl, Hang, Interesse, Neigung, Schwäche, Vorliebe, Wohlwollen, Zuneigung; (bildungssprachlich) Disposition, Faible, Inklination; Präferenz

Sympathie 1. aufgrund gewisser Übereinstimmung, Affinität positive gefühlsmäßige Einstellung zu jemandem, einer Sache [...]

Sympathie lateinisch sympathia ‹ griechisch sympátheia = Mitleiden, Mitgefühl, zu: sympathés = mitleidend, mitfühlend, zu: sýn = mit, zusammen und páthos = Leid, Schmerz

5 Vervollständige den Sprachenstammbaum zu dem Begriff *fühlen.* Nutze dafür die Information aus dem Wörterbuchartikel.

→ Merke 135 und Merke 136

fühlen das westgerm. Verb mhd vüelen, ahd. fuolen, niederl. voelen, engl. to feel ist unbekannter Herkunft. Seine Grundbedeutung ist wohl „tasten"; es wurde dann auf alle körperlichen und im Dt. seit dem 18. Jh. auch auf seelische Empfindungen übertragen. [...]

Neuhochdeutsch (ab 1650)	→	fühlen
		↑
Frühneuhochdeutsch (ab 1450)	→	
		↑
Mittelhochdeutsch (1050 – 1450)	→	
		↑
Althochdeutsch (800 – 1050)	→	
		↑
Indogermanisch	→	

6 EXTRA Wähle zwei der folgenden Begriffe aus und schlage sie in einem etymologischen Wörterbuch nach. Erstelle dazu einen Sprachenstammbaum.

Schmerz | Heim | Freude | Platz | Garten

Eine Liebe in verschiedenen Sprachen und Zeiten

1 Lies den Songtext. Ordne jeder Strophe die richtige Sprache zu.

Englisch | Spanisch | Niederländisch | Deutsch | Französisch | Italienisch

Bodo Wartke

Liebeslied

Ich will's in allen Sprachen für dich
singen,
auf allen Instrumenten zum Erklingen
bringen:
Ich liebe dich.

Deutsch ______

I want to sing it in every Language for
you, Baby
Play on every Instrument to say this
words to you.
Believe me it is true,
I love you.

______

Je veux chanter pour toi en toutes les
langues,
jouer pour toi de tous les instruments
pendant que je dis je t'aime. […]

______

In tutte le lingue lo vorrei cantare,
su tutti gli strumenti suonare,
provare l'amore per te, per chè ti amo.

______

2 Untersuche die Sprachen genauer. Ordne die markierten Wörter in die richtige Tabellenspalte ein.
Vergleiche die Wörter anschließend miteinander. Setze + für viel Ähnlichkeit und – für kaum bis gar keine Ähnlichkeit ein.

Übersetzung von	(blau)	(grün)	(rot)	D	GB	F	I
Deutsch (D)	Sprachen			/			
Englisch (GB)					/		
Französisch (F)						/	
Italienisch (I)							/

3 Lies die beiden Gedichte. Schlage unbekannte Wörter in einem Wörterbuch nach.

Conrad Ferdinand Meyer

Zwei Segel

Zwei Segel erhellend
Die tiefblaue Bucht!
Zwei Segel sich schwellend
Zu ruhiger Flucht!

Wie eins in den Winden
Sich wölbt und bewegt,
Wird auch das Empfinden
Des andern erregt.

Begehrt eins zu hasten,
Das andre geht schnell,
Verlangt eins zu rasten,
Ruht auch sein Gesell.

Reiner Kunze

Rudern zwei

Rudern zwei
ein boot,
der eine
kundig der sterne,
der andre
kundig der stürme,
wird der eine
führn durch die sterne,
wird der andere
führn durch die stürme,
und am ende ganz am ende
wird das meer in der erinnerung
blau sein.

4 Vergleiche die beiden Gedichte miteinander. Ergänze dazu die folgende Tabelle.

→ Merke 137

	Zwei Segel	Rudern zwei
Thema		
Form (Strophen, Reimschema, Metrum)	• drei Strophen mit vier Versen • Kreuzreim	
auffällige Begriffe		
auffällige Schreibweisen		

5 Stelle Vermutungen darüber an, aus welcher Zeit die Gedichte jeweils stammen. Begründe deine Überlegungen mit den Ergebnissen aus Aufgabe 4.

→ Merke 137

____

____

____

6 EXTRA Verfasse zu einem Gedicht weitere Verse. Verwende dabei möglichst einen ähnlichen Schreibstil wie der Autor.

Liebesbekenntnisse im Medienwandel

→ Merke 137

1 Lies die folgenden Texte. Markiere Textstellen, an denen man erkennt, dass es sich um eine ältere oder eine moderne Nachricht handelt.

Mein steter Gedanke,
ich weiß, ich bin ein Tor[1] zu glauben, auch Ihr hättet mich auf dem Fest zu Ehren des Fürsten bemerkt. Und doch denk ich jeden Moment an Euren Anblick, an das kleine Lächeln, dass Ihr mir schenktet. Darf ich Vermessener hoffen, Euch wiederzusehen? Ich werde alles, was von mir abhängt, tun, um mein Leiden zu verkürzen.
Nennt mir einen Ort und einen Zeitpunkt Euch zu treffen und ich werde eilen, um ja rechtzeitig dort zu sein, denn dieser Zeitpunkt wird das Glück meines ganzen Lebens ausmachen.
Ihr Alexander

1 ein dummer, unklug handelnder Mensch

Kurznachricht

8. FEBRUAR 2015

hi, hab dich auf der party bei maja gesehen und du hast mich angelächelt (-^_^-). ich war der große blonde mit dem schwarzen hemd, der mit costa da war. ich würde dich gerne daten!? DaD:
lg
mike

21:52 ✓✓

→ Merke 137

2 Lies die folgenden Aussagen. Kreuze an, ob sie richtig oder falsch sind.

	richtig	falsch
In der modernen Nachricht wird häufig so geschrieben wie auch gesprochen wird.		
Abkürzungen werden in beiden Nachrichten verwendet.		
Emoticons findet man nur in modernen Nachrichten.		
Ältere Nachrichten haben einen einfacheren Satzbau.		
In modernen Nachrichten wird häufig kleingeschrieben.		

3 Verbessere die falschen Aussagen aus Aufgabe 2.

4 Verbinde die Begriffe aus der Jugendsprache mit ihrer jeweiligen Bedeutung.

Baumschmuser	sehr gut
Heuchlerbesen	etwas nicht begreifen
hunten	Naturfreund
übelst	jemand, der gut aussieht
wacken	Blumenstrauß
Stornokarte	stark
Playa	auf Partnersuche gehen
urgeil	Laufpass geben

5 Ordne die jugendsprachlichen Begriffe aus Aufgabe 4 in die Tabelle ein. → Merke 138

Übertreibungen/ Intensivierungen	Metaphern	Bedeutungs-umkehrungen	Anglizismen

6 Ergänze die Tabelle in Aufgabe 5 jeweils um einen Begriff aus deiner Jugendsprache.

7 Erkläre mithilfe des Bildes, warum Jugendliche eine eigene Sprache entwickeln. → Merke 138

8 EXTRA Verfasse eine Kurznachricht in Jugendsprache, in der du über jemanden erzählst, den du gerade kennengelernt hast.

Sehnsucht nach dir

1 Lies den folgenden Brief. Unterstreiche Wörter, die du nicht gleich verstanden hast. Schlage ihre Bedeutung in einem Wörterbuch nach und notiere sie in der Randspalte.

Brief von Caroline Flachsland an ihren späteren Mann, den Schriftsteller Johann Gottfried Herder

Darmstadt den 26. August 1770
Nachts, 11 Uhr

Nein! Ich will nicht länger mein Herz dem redlichsten besten Freunde verhehlen, eben so stark, und wenn es möglich ist, noch stärker, liebe ich Sie, wie Sie mich lieben, wie freue ich mich, daß Sie mein ehrliches gutes Herz kennen, o wie ganz in einer Minute haben sich unsere Seelen gekannt, was ich an dem glücklichen Sonntag empfunden, und von Tage zu Tage mehr empfunden, kann ich nicht sagen, es ist mir Alles neu, dies, dies ist allein die wahre himmlische Freundschaft; vergeßen Sie mein wunderliches Mißtrauen! Guter, liebenswürdiger Freund, es muss Ihr rechtschaffnes Herz beleidigt haben, aber dencken Sie auch, wieviel sich ein armes Kind zutrauen darf, das seine Schwäche so gut kennt. Loben Sie mich nicht, mein Lieber; ich bin froh, ich bin glücklich, daß unsre Herzen sich kennen. Könnten Sie doch diesen Augenblick bey mir seyn, und das gerührte Herz, das nur für Sie gemacht ist, sehen: ganz, ganz haben Sie meine Erwartung übertroffen. Darf ich jemals an eine ewige himmlische Freundschaft und Zärtlichkeit unter uns gedencken, ist das nicht zuviel für ein armes Kind? o ich darf diese göttliche Scene nicht denken. Werden Sie dann mein Schutzengel seyn? [...]
Ich muß aufhören, ich zerfließe in Thränen, ewig
Ihre treueste Flachsland

2 Erkläre, welche typischen Merkmale einer älteren Sprache in dem Brief von Caroline Flachsland markiert wurden.

3 Markiere in dem Brief weitere Beispiele, die verdeutlichen, dass es sich um einen älteren Text handelt.

4 Beschreibe die Gefühle von Caroline Flachsland, die sie in dem Brief an ihren späteren Mann formuliert.

____

____

5 Notiere die Textstelle, der als Kurznachricht heute folgendermaßen aussehen würde.

→ Merke 137

Ich bin happy, ☺☺☺, *filwy*[1]

____

____

1 falling in love with you

6 Verfasse eine Kurznachricht, die das Gleiche bedeutet wie die letzten zwei Zeilen des Briefes von Caroline Flachsland.

Kurznachricht

____

____

____

____

21:52 ✓✓

7 Erkläre mithilfe des Textes aus einem Herkunftswörterbuch, warum die Wörter *Seele* und *See* miteinander verwandt sein könnten.

→ Merke 135

Seele Das *altgerm.* Wort. *mhd.* sele, *ahd.* se[u]la, *got* saiwala, *niederl.* ziel, *engl.* soul ist wahrscheinlich eine Ableitung von dem unter See behandelten Wort mit der Grundbedeutung „die zum See Gehörende". Nach alter germanischer Vorstellung wohnten die Seelen der Ungeborenen und der Toten im Wasser. Der heutige Inhalt des Wortes ist stark vom Christentum geprägt worden. In übertragenen Sinn steht ‚Seele' für „Inneres eines Dings" (…)

____

____

____

____

____

____

Eine Skifreizeit in der Schweiz

→ Merke 139

1 Setze die folgenden Wörter in der richtigen Groß- und Kleinschreibung ein. Kreise alle Nomensignale ein.

LUSTIGES | SKIFAHREN | FRÜH AM ABEND | MORGENS | NOTWENDIGE | MORGEN | SCHWEIZER ALPEN | KOFFERPACKEN

Toni und Baran fahren ohne ihre Eltern zum ______________________ in die ______________________. Das ______________________ wird von ihren Eltern streng kontrolliert. Obwohl sie erst ______________________ fahren, haben sie schon gestern alles ______________________ eingepackt. Als die Fahrt losgeht, stehen Toni und Baran ______________________ mit ihren Eltern am Bus. Die Jungen werden früh am ______________________ an ihrem Ziel ankommen und wenn sie zurück sind, werden sie viel ______________________ erzählen können.

Im Text gibt es vier Nominalisierungen/Substantivierungen.

2 Ordne die Nominalisierungen/Substantivierungen aus Aufgabe 1 ihrem Grundwort entsprechend in die richtige Tabellenspalte ein. Ergänze auch das Grundwort.

Grundwort Verb	Grundwort Adjektiv
zum Skifahren → skifahren	

3 Schreibe die mehrteiligen Eigennamen in der richtigen Groß- und Kleinschreibung auf.

schweizer käse	mont blanc	ligurisches meer	schiefe turm von pisa

4 Bilde aus den Verben Nomen/Substantive und formuliere die Sätze wie im Beispiel um.

1. Auf der Skipiste ist es Pflicht, dass Helme getragen werden.

Das Tragen von Helmen ist Pflicht auf der Skipiste.

2. Es ist verboten, neben der präparierten Skipiste Ski zu fahren.

____

3. Es ist nicht erlaubt, auf der Skipiste zu wandern.

____

5 Notiere zu den folgenden Wörtern die richtige Erklärung.

→ Merke 140

Darstellung eines Zeitraums | 2. Person Plural Präsens von „sein"

seid ______________________________

seit ______________________________

6 Formuliere aus den folgenden Satzteilen einen vollständigen Satz. Setze dabei „seit" oder „seid" richtig ein. Achte auf die richtige Groß- und Kleinschreibung.

BARAN UND TONI | ZWEI TAGEN | SIND | IN DER SCHWEIZ.

____

DER SKILEHRER | ANFÄNGER." | „IM MOMENT | SAGT: | IHR | NOCH

____

IHR | HINUNTER | IN DER LAGE | „NÄCHSTE WOCHE | DEN BERG | ZU FAHREN."

____

7 Bilde so viele Wörter wie möglich, indem du die Wortbausteine mit den Präfixen verbindest. Achte auf die richtige Groß- und Kleinschreibung.

-legen | -los | -geben | -spurt | -schuldigung | -holung | -fernen | -setzen | -gleisen | -rede

ent-	end-	wieder-	wider-
entfernen			

8 Baran und Toni schreiben ihrem Freund Peter eine Urlaubspostkarte. Formuliere den Text für sie. Verwende dabei mindestens drei Wörter aus der Tabelle in Aufgabe 7.

Lieber Peter,

____

____

____

____

____

Baden in Italien

→ Merke 141

Du kannst die Wörter und Wortteile mehrmals verwenden.

1 Setze die folgenden Wortbausteine zusammen. Notiere Begriffe, die zu dem Bild passen.

buddeln | decken | heulen | heiß | los | bauen | essen | Eis | auf

Burg | ver | super | Sonnen | baden | ent | er | steigen | kaufen

Sonnenbaden, ______________________

____

____

____

____

____

____

2 Bilde nun drei Sätze mit den Wörtern aus Aufgabe 1.

1. ____

____

2. ____

____

3. ____

____

3 Ergänze die folgenden Sätze. Entscheide, ob die Wörter in den Klammern zusammen oder getrennt geschrieben werden.

Julia kommt heute vor dem Frühstück zum ______________________ (spazieren-gehen) an den Strand. Aber es ist schon viel los. Während ein älteres Ehepaar sich in die Fluten des ______________________ (feucht-kühlen) Meeres stürzt, sucht ein Mann nach seinem ______________________ (ent-laufenen) Hund. Einige wollen schon ______________________ (sportlich-sein) und gehen zum Volleyballnetz, wo ein Gymnastikkurs ______________________ (statt-findet).

4 EXTRA Was könnte noch am Strand geschehen? Schreibe selbst eine kleine Strandszene. Nutze dafür Wörter aus Aufgabe 1.

5 Im Suchsel sind senkrecht und waagerecht zehn Fremdwörter versteckt. Kreise sie ein.

→ Merke 143

R	H	O	R	P	W	D	K	B	A	K
I	N	T	E	L	L	I	G	E	N	T
T	P	S	A	O	A	S	R	M	N	A
K	S	L	K	V	O	K	A	B	E	L
O	W	L	T	A	P	U	M	G	F	E
P	V	O	I	S	Y	S	A	H	K	N
H	Q	W	O	E	B	S	R	H	J	T
Y	C	U	N	W	L	I	L	D	E	G
S	S	I	K	P	R	O	B	A	N	D
I	K	A	B	J	I	N	A	T	U	R
K	O	N	J	U	N	K	T	I	O	N

1. intelligent
2.
3.
4.
5.
6.
7.
8.
9.
10.

6 An welchen Merkmalen hast du die Fremdwörter im Suchsel erkannt? Ordne sie in die richtige Tabellenspalte ein.

Manche Wörter kann man mehrfach zuordnen.

Aussprache (v wie w, ph wie f)	Präfix (Anfangsbaustein)	Suffix (Endbaustein)
		intelligent

7 Bei einem Wort im Suchsel handelt es sich um einen grammatischen Begriff. Schreibe ihn heraus und erkläre ihn.

Du kannst ein Wörterbuch benutzen.

____

____

8 Wähle drei weitere Fremdwörter aus Aufgabe 6 aus und erkläre sie.

1. ____
2. ____
3. ____

Mit der Klasse unterwegs in Bremerhaven

→ Merke 144

1 Kreise in den folgenden Sätzen die Prädikate ein.
- Verbinde die Sätze zu sinnvollen Satzgefügen oder Satzreihen. Setze die passende Konjunktion ein, z. B.: *und, weil, nachdem.*
- Unterstreiche die Satzreihen blau und die Satzgefüge rot.

Endlich kommt die 8d in Bremerhaven an,	________________ vier Schülern in einem Boot schlecht wird.
Am ersten Tag ist ein Besuch im Auswanderermuseum geplant	________________ außerdem geht die Klasse noch in das Klimahaus.
Nicht alle nehmen an der geplanten Hafenrundfahrt teil,	*nachdem* sie vier Stunden mit dem Bus unterwegs waren.

2 Erkläre, wann eine Verbindung von Sätzen durch ein Komma getrennt wird. Sieh dir dazu noch einmal die Sätze aus Aufgabe 1 an.

____

____

→ Merke 144 und Merke 145

In dem Text gibt es vier Kommas.

3 Setze in dem folgenden Text die Kommas an der richtigen Stelle ein.
- Unterstreiche dazu zunächst alle Satzgefüge.
- Setze im letzten Satz *dass* oder *das* richtig ein.

Das Deutsche Auswandererhaus Bremerhaven versetzt seine Besucher in die Zeit des neunzehnten Jahrhunderts als 7,2 Millionen Menschen von Bremerhaven aus nach Amerika auswanderten. Jeder Museumsgast erhält eine eigene Identität und schlüpft damit in die Rolle einer anderen Person in einer anderen Zeit.
Zunächst werden alle Passagiere wie vor 150 Jahren mit einem Schiff in ein neues Land gebracht und können das neue Leben dort anhand ihrer Rolle verfolgen.
Das Leben vieler Auswanderer von damals die die Besucher in Bremerhaven nachleben können hat das Museum nachvollzogen. Bremerhaven bietet hiermit ein Museum ____________ Geschichte nicht nur nacherzählt sondern auch miterleben lässt.

4 Hast du *das* oder *dass* im letzten Satz der Aufgabe 3 geschrieben? Begründe deine Entscheidung.

____

____

5 Lies den Text. Benenne die Satzglieder, die mit unterschiedlichen Farben markiert wurden.

→ Merke 146

Klimahaus Bremerhaven

Neun Orte, fünf Kontinente, eine Reise um die Welt. Das Klimahaus schickt seine Besucher im Ausstellungsbereich „Reise“ auf eine einzigartige Tour um den Globus, bei der sie die Klimazonen der Erde hautnah erleben. Die Reise führt durch einzigartige Landschaften, wie das Hochgebirge in den Schweizer Alpen, die Wüste in der Sahelzone, in das Packeis der Antarktis und in das Südsee-Paradies Samoa. […]

rosa ____________ grün ____________ blau ____________

6 Markiere im folgenden Text die Satzglieder.

- Kreise zwei Subjekte ein.
- Unterstreiche zwei Objekte grün.
- Markiere zwei adverbiale Bestimmungen gelb.

[…] Im Ausstellungsbereich „Perspektiven“ geht es um den Klimawandel in der Vergangenheit, Gegenwart und Zukunft. In den „Chancen“, dreht sich alles um den Klimaschutz. Hier wird in Themenkammern spielerisch getestet, wie die eigene CO_2-Bilanz aussieht und es gibt konkrete und einfache Klimaschutz-Tipps, die sich leicht im Alltag umsetzen lassen. Im Ausstellungsbereich „Elemente“ erwartet Sie das „Offshore Center“. Die Dauerausstellung entführt Sie in die spannende Welt der Offshore-Windenergie.

7 Die folgenden Informationen zu einer Hafenrundfahrt in Bremerhaven könnten etwas genauer sein. Ergänze die passenden Attribute.

fachmännische | des Bootes | moderne | der Überseeschiffe

Das ____________________ Sightseeing Boot fährt durch alle sieben Überseehäfen. Das bunte Treiben ____________________ kann hautnah miterlebt werden. Auf der Rundfahrt gibt es ____________________ Erklärungen vom Kapitän. Das Glasdach ____________________ bietet dabei ein Blick in alle Richtungen.

8 Unterstreiche im Text aus Aufgabe 7 die Attribute.

9 EXTRA Recherchiere zu dem „Klimahaus“ in Bremerhaven. Erstelle einen passenden Werbeslogan dazu.

____

____

Im Sattel über die Alpen

1 Lies die folgenden Sätze. Begründe, warum sie umformuliert wurden.

1. Der die Alpen überquerende Fahrradfahrer muss eine gute Kondition haben. Wer die Alpen mit dem Fahrrad überquert, muss eine gute Kondition haben.

2. Im Sommer kann man am bekannten Fern- und Reschenpass die mit den Steigungen kämpfenden Fahrradfahrer auf der „Via Claudia Augusta“ sehen. Im Sommer kann man am bekannten Fern- und Reschenpass Fahrradfahrer, die mit den Steigungen kämpfen, auf der „Via Claudia Augusta“ sehen.

Begründung: ______________________________

____

→ Merke 145

2 Wie haben sich die Sätze in Aufgabe 1 verändert? Ergänze den Lückentext.

die Kommas | Satzgefüge | Nebensatz | Hauptsatz

Ein ______________ wird zu einem ______________ mit einem Haupt- und einem Nebensatz umformuliert. Dabei muss man besonders auf ______________ zwischen Hauptsatz und ______________ achten.

→ Merke 147

Sieh in Aufgabe 1 nach, wenn du dir nicht sicher bist.

3 Formuliere die folgenden Sätze so um, dass aus den unterstrichenen Satzteilen Nebensätze werden.

<u>Der mit dem Fahrrad nach Italien Reisende</u> muss einige Pässe der Alpen überwinden.

Wer mit dem Fahrrad ______________________________

____

<u>Die Gepäckmitnahme</u> muss daher gut überlegt sein.

____

____

4 EXTRA Welcher der beiden umformulierten Sätze aus Aufgabe 1 hat einen eingeschobenen Nebensatz? Vervollständige den folgenden Satz.

Der umformulierte Satz Nummer ______ hat einen eingeschobenen Nebensatz. Das erkennt man ______________________________

____

5 Unterstreiche in den folgenden Satzgefügen die Nebensätze. Notiere die dazu passende Frage.

→ Merke 147

Wer oder was? | Wen oder was? | Welche? | Wann?

1. Dass die Überquerung der Alpen auch heute noch eine Herausforderung sein kann, merkt man bei einer Fahrt mit einem bequemen Auto nicht.

Frage: Wen oder was merkt man bei der Fahrt mit einem bequemen Auto nicht?
Satzart: Objektsatz

2. Zahlreiche Möglichkeiten, die mehr oder weniger anstrengend sind, bieten sich sportlichen Menschen für eine Alpenüberquerung.

Frage: ______________________________

Satzart: ______________________________

3. Bevor man eine solche Überquerung antritt, sollte man sich körperlich gut vorbereiten.

Frage: ______________________________

Satzart: ______________________________

4. Wer eine Überquerung im Sattel machen möchte, kann dieses mit dem Fahrrad oder auf einem Pferd machen.

Frage: ______________________________

Satzart: ______________________________

6 Bestimme, um welche Satzart es sich bei den Sätzen in Aufgabe 5 jeweils handelt.

Subjektsatz | ~~Objektsatz~~ | Attributsatz | Adverbialsatz

7 Der folgende Text besteht nur aus Hauptsätzen. Formuliere ihn so um, dass Satzgefüge entstehen und bestimme die Art der Nebensätze.

→ Merke 144

Bei Naturliebhabern ist auch das Überqueren der Alpen mit dem Pferd sehr beliebt. Die eindrucksvollen Landschaften können in Ruhe betrachtet werden. Mehrere Reiseunternehmen bieten mittlerweile eine solche Tour an. Viele Touren „hoch zu Ross“ führen auch über die berühmte Via Claudia Augusta.

Schöne neue Welt

→ Merke 148

1 Ergänze die folgenden Sätze.

Indikativ | Konjunktiv II | ~~Modi~~ | wahr/wirklich | nicht wirklich oder noch nicht möglich

Verben stehen, je nachdem was man ausdrücken möchte, in verschiedenen Modi. Der ________________ beschreibt eine reale Handlung. Er drückt aus, dass etwas ________________ ist. Wohingegen der ________________ angibt, dass etwas ________________________________ ist.

Es sind 20 Verben.

2 Lies den Text. Unterstreiche alle Verben.

Alles nur ein Traum

Ich gehe auf dem Mond spazieren. Das Vorhaben benötigt viel Aufwand, denn man kann die Kolonie nicht einfach verlassen. Also nehme ich den Raumanzug aus der Kabine und ziehe ihn an. Es dauert etwa 20 Minuten, bis ich alles anhabe. Dann kontrolliere ich die Atemschläuche und die Luftzufuhr. Fertig ausgerüstet mache ich mich auf den Weg zur Schleuse. Die Magnetfeldstiefel wiegen jeweils siebeneinhalb Kilo. Ich komme nur schleppend voran und schwitze unheimlich. Die Schleuse trennt die Kolonie, die aus Tanks Sauerstoff erhält, von der freien Mondoberfläche, auf der es weder Atemluft noch ausreichend Schwerkraft gibt. Endlich! Ich lasse die neonfarbenen Lichter hinter mir, hüpfe voran und blicke in die Dunkelheit des Alls. Ganz weit draußen sehe ich die Erde leuchten.

→ Merke 148

3 Beantworte die folgenden Fragen.

- In welchem Tempus ist der Text geschrieben?

____

- In welchem Modus ist der Text geschrieben?

____

4 Im Text aus Aufgabe 2 wird eine Zukunftsvision beschrieben, die heute so noch nicht möglich ist. Formuliere den Text um, indem du die Konjunktiv II-Formen verwendest.

→ Merke 149 und Merke 151

→ Konjunktivformen Seite 80/81

5 Bilde zu den folgenden Verbformen jeweils das Präteritum und den Konjunktiv II.

→ Merke 149

Indikativ/Präsens	Indikativ/Präteritum	Konjunktiv II
ich brate		
du wächst		
er greift		
sie rennt		
es klingt		
wir singen		
ihr trinkt		
sie schwimmen		

Zukunftsvisionen

→ Merke 149

Sieh in der letzten Aussage von Herrn Eberl nach.

1 Lies das Interview. Unterstreiche drei Konjunktiv II-Formen.

Häuser, die mit Autos sprechen

Wie sieht unsere Welt in 40 Jahren aus? Der Industriephysiker und Buchautor Ulrich Eberl wagt eine Prognose.

VON ANGELIKA DIETRICH

DIE ZEIT: Sie schreiben in Ihrem Buch *Zukunft 2050* von Armbanduhren mit Mikrochips, die den Arzt rufen, wenn der Träger in Ohnmacht fällt; von Sinnesorganen für Elektroautos und von zusammenrollbaren Bildschirmen statt Zeitungen – wie viel davon ist Spinnerei?

Ulrich Eberl: Das ist alles realistisch. Was ich im Buch schildere, wird heute in Forschungslaboren an Universitäten und in der Industrie tatsächlich entwickelt. Es hat also eine hohe Wahrscheinlichkeit, auch auf den Markt zu kommen. Zukunft passiert nicht einfach, sondern sie wird gemacht.

ZEIT: Was macht Sie so sicher? Für das Jahr 2000 wurde vorausgesagt, dass alle Autos automatisch fahren, 2010 sollte es eine Raumstation auf dem Mars geben. Nichts davon ist eingetroffen.

Eberl: Automatisch fahrende Fahrzeuge gibt es in Pilotprojekten wirklich – aber die Vorhersagen von 1970 waren in der Tat nicht sehr treffsicher. Damals hat sich die Zukunftsforschung gerade begründet, ihre Methoden wurden erst entwickelt. Dazu kam, dass wir in den sechziger Jahren eine sehr technikbegeisterte Gesellschaft hatten, die alles für realistisch hielt, was technisch machbar war. [...]

ZEIT: In der Umwelttechnik gibt es schon wegweisende Entwicklungen: etwa den verrottenden Turnschuh oder die sich verflüssigende Eisverpackung, die auch noch Pflanzensamen enthält, die zur Artenvielfalt beitragen. Wie wichtig ist der Gedanke der Kreislaufwirtschaft?

Eberl: 2050 werden über neun Milliarden Menschen auf der Erde leben – das kann mit einer reinen Wegwerfgesellschaft nicht funktionieren. Wir müssen viel stärker lernen, in Kreisläufen zu denken. Wie kann man Dinge so intelligent bauen, dass sie fast vollständig wiederverwertbar sind? Würde man beispielsweise künftig keine Fernseher mehr kaufen, sondern nur dafür bezahlen, dass man eine bestimmte Zeit lang fernsehen kann, so müsste der Hersteller nach der abgelaufenen Frist das Gerät zurücknehmen. Dann würden die Fernseher sicher verstärkt so entwickelt, dass sie möglichst gut wiederverwertbar sind. [...]

2 Bildet zu den Verben in der Tabelle die Konjunktiv I-Formen.

→ Merke 151
→ Konjunktivformen Seite 80/81

	ich	du	er/sie/es	wir	ihr	sie
fahren	fahre					
fliegen			fliegest			
machen					machet	

3 Forme die folgenden Sätze in den Konjunktiv I um.

Die Zukunft wird viel Neues bringen.

Wissenschaftler meinen, dass die Zukunft viel Neues bringen werde.

Automatisch fahrende Fahrzeuge gibt es wirklich.

Die Autobauer vermuten, dass

Das kann nicht funktionieren.

Viele sind überzeugt, dass

4 Das Interview mit Ulrich Eberl ist in direkter (wörtlicher) Rede verfasst. Forme die markierten Textstellen in indirekte Rede um. Verwende den Konjunktiv I.

→ Merke 150 und Merke 151

Fasse, wenn nötig, Aussagen zusammen.

1. Angelika Dietrich fragte, was aus Herrn Eberls Buch „Zukunft 2050" Spinnerei sei.

2.

3.

5 Verfasse ein Protokoll, das das Gespräch mit dem Buchautor Ulrich Eberl aus Sicht der Interviewerin wiedergibt. Achte auf die Verwendung des Konjunktivs I.

Protokoll: Interview mit Ulrich Eberl

Fragliche Zukunft

1 Lies den Text. Markiere die Pro- und Kontra-Argumente in unterschiedlichen Farben.

Bücher haben keine Zukunft!

E-Books sind der große Renner und nicht nur Technikbegeisterte lesen nur noch elektronisch. Ist es also nur eine Frage der Zeit, bis das Buch ausstirbt und eines Tages nur noch in Museen als Relikt aus vergangener Zeit bestaunt werden kann? [...]

Pro

[...] Ich finde Lesen super. Und eigentlich finde ich auch Bücher super: ich mag das Umblättern der Seiten, Bibliotheken und fremde Bücherregale. Aber inzwischen sind wir an einem Punkt angekommen, wo Bücher einfach nicht mehr zeitgemäß sind.

[...] E-Books geben uns die Möglichkeit, tausende Bücher auf einmal mit uns herumzutragen. In puncto Leichtigkeit schlagen sie sogar die meisten Taschenbücher. Dabei steckt – anders als bei Büchern – in E-Books viel mehr als nur der reine Text (und ein paar Bilder). Mit ihm lassen sich beispielsweise Videos und Animationen verbinden, Leser können direkt Zusatzinformationen über den Autor erhalten. Und dabei sind E-Books in der Regel sogar billiger als Bücher.

Die zunehmende Technisierung wird vor den Büchern keinen Halt machen. Wir sind schon mittendrin, sie abzuschaffen. Man kann das als traurigen Umstand betrachten, oder aber als praktisch. Bücher sind inzwischen zu unhandlich für unsere rasante, globalisierte Welt geworden.

Doch das Lesen soll uns trotzdem erhalten bleiben, denn das wird hoffentlich nie aus der Mode kommen. Es kann aber sein, dass man dafür in Kauf nehmen muss, dass sich die technischen Rahmendaten ändern: Bildschirm statt Papier, klicken statt blättern. [...]

Kontra

[...] Das digitale Buch setzt sich durch. Darauf folgt jedoch kein Untergang des Buches, sondern ein neues Bewusstsein für das gedruckte Buch.

[...] Bücher sind nicht nur ein Medium, um Informationen zu tragen. Sie besitzen auch einen hoch emotionalen Wert. Zwischen den Seiten finden sich häufig Erinnerungen, individuelle Kaffeeflecken, Markierungen und Bleistiftkritzeleien. Gedruckte Bücher sind greifbar und materiell, während ihre virtuellen Brüder austauschbar auf einem Bildschirm erscheinen und genauso schnell wieder verschwinden und in Vergessenheit geraten.

Moderne Technikgeräte versuchen durch eine Funktionsinflation immer mehr Angebote in einem Gerät unterzubringen. Das verleitet dazu, immer wieder abzuschweifen, sich ablenken zu lassen. Die Informationen und Geschichten nimmt der Leser nur noch selektiv wahr. Essenzielles geht im Fluss der Reizüberflutung und der unbegrenzten Möglichkeiten [...] verloren.

[...] Ein gelesenes Buch ist ein Protest gegen die Mentalität des Zeitdrucks und Leistungsanforderungen in unserer Gesellschaft. Anstatt Hektik und Stress verliert sich der Leser beim guten, alten Buch in Konzentration und angenehmer Ruhe. Das wird auch in Zukunft so sein.

2 Lege eine Argumentsammlung zum Thema „Hat das gedruckte Buch ausgedient?“ an. Sammle drei Argumente dafür und drei Argumente dagegen.

Pro: gedrucktes Buch	Kontra: gedrucktes Buch
emotionaler Wert	

3 Verfasse eine schriftliche Argumentation zum Thema „Hat das gedruckte Buch ausgedient?“ Entscheide dich für eine Position. Beginne mit einer Einleitung, in der du das Thema und die These nennst.

→ Merke 152

4 Schreibe den Hauptteil. Nenne darin drei Argumente für deine Position. Beginne mit dem weniger wichtigen und ende mit dem wichtigsten Argument. Belege deine Aussagen mit Beispielen oder Erläuterungen.

Nutze deine Ergebnisse aus Aufgabe 2.

5 Schreibe einen Schluss zu deiner Argumentation. Gehe dabei auf die Einleitung ein und verdeutliche deine Position.

Einblicke in die Welt der Berufe

Sich und andere informieren

Selbsteinschätzungsbogen
4a528m

1 Lies die folgenden Aussagen zu der Frage „Warum willst du Erzieher/Erzieherin werden?". Notiere in Stichpunkten, welche Gründe für die Berufswahl genannt werden.

Patrizia Sch., Praktikantin im 2. Sozialpädagogischen Seminar:
Ich finde es einfach Wahnsinn zu sehen, wie schnell sich die Kinder entwickeln und ich genieße es, ihnen dabei zuzusehen, sie auf ihrem Weg zu begleiten und zu unterstützen. Ich bin froh, mich für den Bereich Krippe entschieden zu haben. Im Team und von den Eltern wurde ich sehr gut aufgenommen. Ich fühle mich als vollwertiges Teammitglied. […]

Gründe von Patrizia: ______________________________

____

Kilian B., Praktikant im 2. Sozialpädagogischen Seminar:
Ich entschied mich in der Schule für den sozialen Berufszweig. Die Themen, die durchgenommen wurden, haben mich immer interessiert und ich wollte mehr darüber lernen. In der 9. Klasse sollte ich im Rahmen meiner Berufsfindung ein Praktikum machen. Ich habe mich für ein technisches und kreatives Praktikum entschieden. Die Bezeichnung war Mediendesign. Ich fand die Arbeit zwar interessant, sie war mir jedoch auf Dauer zu eintönig. Nach meinem Schulabschluss entschied ich mich also für die Ausbildung zum Erzieher.

Gründe von Kilian: ______________________________

____

Verena P., Berufspraktikantin:
Kaum ein Beruf bietet meiner Meinung nach ein so individuelles und flexibles Arbeiten. Allein die Möglichkeit, in so vielen verschiedenen Bereichen zu arbeiten, von der Krippe, über Kindergarten bis hin zur Jugendarbeit, die Integrations- und heilpädagogische Arbeit nicht zu vergessen, war für mich ein großer Ansporn. Hinzu kommt, dass viele persönliche Interessen in die tägliche Arbeit mit einfließen. Wenn ich jetzt im Berufspraktikum über meine Ausbildung nachdenke, gab es natürlich Situationen in denen ich an meiner Berufswahl gezweifelt habe. Fünf Jahre Ausbildung, von denen man zwei Jahre lang nichts verdient, ist eine lange und auch harte Zeit. Jedoch konnte mich jedes Mal die praktische Arbeit mit den Kindern wieder davon überzeugen, dass ich den richtigen Beruf gewählt habe. Für mich gibt es nichts Schöneres als die Arbeit mit Kindern. […]

Gründe von Verena: ______________________________

____

2 Leite aus den Aussagen von Patrizia, Kilian und Verena Eigenschaften ab, z. B. Stärken und Interesse, die man als Erzieher mitbringen muss. Ergänze dazu die Tabelle.

	Eigenschaften
Patrizia	– im Team arbeiten können
Kilian	
Verena	

3 Wem von den dreien würdest du am ehesten eine Arbeitsstelle als Erzieher geben? Schreibe eine kurze Begründung. Gehe darin auf die jeweiligen Aussagen der drei ein.

Selbsteinschätzungsbogen
p9rg99

Theater, Theater!

Einen dramatischen Text erschließen

1 Lies den Text. Stell dir vor, du bist der Regisseur des Theaterstückes. Verfasse einen kurzen Regietext zu der Szene.

Auf der Bühne stehen ______________________________

____

____

____

____

Wolfgang Bittner

Das Gerücht

ERSTE SZENE

In einem Café. Im Hintergrund leise Musik, Gemurmel. Einige Gäste trinken Kaffee oder sitzen hinter ihren Zeitungen.

JÜRGEN *schaut in eine bestimmte Richtung.* Hast du schon gesehen? Dort drüben sitzt der Goldschmidt.

SUSANNE *folgt Jürgens Blick.* Auch das noch. Er hat mir neulich im Aufsatz eine Fünf gegeben, das fand ich echt beknackt.

JÜRGEN Ich hab keine Probleme mit ihm, ich find ihn ganz in Ordnung.

SUSANNE Weil du gute Zensuren bekommst.

JÜRGEN Nee, das ist es nicht. Mir gefällt sein Unterricht.

SUSANNE Seine Ansichten gehen mir auf den Keks. Überhaupt dieses fanatische Getue!

JÜRGEN Versteh ich nicht. Was er zum Beispiel über Abrüstung gesagt hat, war doch einleuchtend.

SUSANNE Mag sein. Aber mein Fall ist er nicht.

JÜRGEN Geschmackssache. Er sagt wenigstens offen seine Meinung. Wer tut das schon?

Sie trinken Kaffee und essen Kuchen.

SUSANNE Was ist denn das für ein Typ bei ihm?

JÜRGEN Ich weiß nicht, den hab ich noch nie gesehen.

SUSANNE Er kommt mir fast vor wie ein Mädchen.

JÜRGEN Die beiden scheinen sich ja gut zu kennen.

SUSANNE *nach einer Weile.* Guck mal, die halten Händchen. Is' wohl neuerdings Mode. – Ich glaub, ich spinne!

JÜRGEN Nicht so laut, der Goldschmidt hat uns schon bemerkt.
SUSANNE Na und? Wir brauchen uns doch nicht zu verstecken.
Sie trinken Kaffee.
JÜRGEN Es sieht so aus, als wollten sie gehen. Goldschmidt hat dem Kellner gewinkt. –
SUSANNE Er zahlt. – *Im Hintergrund Gemurmel, Geschirr klappert, Stühlerücken.*
JÜRGEN Sie stehen auf. Jetzt gehen sie hinaus.
SUSANNE Schade. Wo es doch gerade so interessant wurde.
JÜRGEN *lehnt sich zurück, schaut plötzlich angestrengt zum Fenster hinaus.* Ich seh die beiden. Sie stehen vor der Tür und quatschen. – Goldschmidt zieht seine Brieftasche heraus und gibt dem Typen einen Geldschein, einen Hunderter. – Jetzt umarmen sie sich. Mensch, das ist ja nicht zu fassen, sie haben sich geküsst. –
SUSANNE Und nun? Was passiert weiter?
JÜRGEN Nichts, sie gehen. –
SUSANNE Is' ja irre! Hättest du gedacht, dass der Goldschmidt schwul ist?
[…]

2 Entwickle zu den Gedankenblasen jeweils einen Gedanken-Stopp. Verdeutliche darin Susannes Einstellung in Form eines inneren Monologs.

3 Wie verläuft das Gespräch zwischen Jürgen und Susanne? Untersuche den Verlauf der Szene genauer. Ergänze dazu die folgende Tabelle.

Gesprächspartner	Gesprächsverlauf/-inhalte	Gesprächsabsicht/-erwartung	Beziehung zueinander
Jürgen und Susanne			

4 Verfasse eine Gesprächsanalyse zu dem Theaterstück „Das Gerücht".
- Formuliere eine Einleitung, in der du Autor, Titel, Textsorte nennst und kurz das Thema der Szene zusammenfasst.
- Schreibe einen Hauptteil, in dem du auf die Gesprächspartner, den Gesprächsverlauf und die Gesprächsabsicht sowie das Verhalten der Figuren zueinander eingehst. Nutze deine Ergebnisse aus Aufgabe 3.
- Fasse am Schluss deine Ergebnisse kurz zusammen.

Selbsteinschätzungsbogen 678b5y

Außenseiter oder einfach nur anders?

Literarische Figuren charakterisieren

1 Lies den Textausschnitt. Notiere, aus welcher Perspektive erzählt wird.

Daniel Kehlmann

Die Vermessung der Welt

Im September 1828 verließ der größte Mathematiker des Landes zum ersten mal seit Jahren seine Heimatstadt, um am Deutschen Naturforscherkongreß in Berlin teilzunehmen. Selbstverständlich wollte er nicht dorthin. Monatelang hatte er sich geweigert, aber Alexander von Humboldt[1] war hartnäckig geblieben, bis er in einem schwachen Moment und in der Hoffnung, der Tag käme nie, zugesagt hatte.
Nun also versteckte sich Professor Gauß[2] im Bett. Als Minna ihn aufforderte aufzustehen, die Kutsche warte und der Weg sei weit, klammerte er sich ans Kissen und versuchte seine Frau zum Verschwinden zu bringen, indem er die Augen schloss. Als er sie wieder öffnete und Minna noch immer da war, nannte er sie lästig, beschränkt und das Unglück seiner späten Jahre. Da auch das nicht half, streifte er die Decke ab und setzte die Füße auf den Boden.
Grimmig und notdürftig gewaschen ging er die Treppe hinunter. Im Wohnzimmer wartete sein Sohn Eugen mit gepackter Reisetasche. Als Gauß ihn sah, bekam er einen Wutanfall: Er zerbrach einen auf dem Fensterbrett stehenden Krug, stampfte mit dem Fuß und schlug um sich. Er beruhigte sich nicht einmal, als Eugen von der einen und Minna von der anderen Seite ihre Hände auf seine Schultern legten und beteuerten, man werde gut für ihn sorgen, er werde bald wieder daheim sein, es werde so schnell vorbeigehen wie ein böser Traum. Erst als seine uralte Mutter, aufgestört vom Lärm, aus ihrem Zimmer kam, ihn in die Wange kniff und fragte, wo denn ihr tapferer Junge sei, fasste er sich. Ohne Herzlichkeit verabschiedete er sich von Minna; seiner Tochter und dem jüngsten Sohn strich er geistesabwesend über den Kopf. Dann ließ er sich in die Kutsche helfen. Die Fahrt war qualvoll. Er nannte Eugen einen Versager, nahm ihm den Knotenstock ab und stieß mit aller Kraft nach seinem Fuß. […]
Er verlangte ein Buch. Eugen gab ihm das, welches er gerade aufgeschlagen hatte: Friedrich Jahns Deutsche Turnkunst. Es war eines seiner Lieblingsbücher. Gauß versuchte zu lesen […] In der Deutschen Turnkunst ging es um Gymnastikgeräte. Ausführlich beschrieb der Autor Vorrichtungen, die er sich ausgedacht hatte, damit man auf ihnen herumklimmen könne. Eine nannte er Pferd, eine andere den Balken, wieder eine andere den Bock. Der Kerl sei von Sinnen, sagte Gauß, öffnete das Fenster und warf das Buch hinaus. […] Das Körperliche, sagte Gauß […] sei wahrhaftig die Quelle aller Erniedrigung. Er habe es immer bezeichnend für Gottes bösen Humor gefunden, dass ein Geist wie seiner in einen kränklichen Körper eingesperrt sei, während ein Durchschnittskopf wie Eugen praktisch nie krank werde. […]

1 Alexander von Humboldt (1769–1859) war ein angesehener deutscher Naturforscher.
2 Carl Friedrich Gauß (1777–1855) war ein bedeutender Mathematiker, Astronom und Physiker.

2 Untersuche, wie Gauß in dem Text charakterisiert wird. Unterstreiche dazu die Textstellen zu Gauß' äußeren Merkmalen gelb, Gauß' Beziehungen zu anderen rot, Gauß' Lebensumständen blau und Gauß' inneren Merkmalen grün.

3 Verfasse eine literarische Charakterisierung zu Carl Friedrich Gauß.
- Formuliere dafür eine Einleitung, einen Hauptteil und einen Schluss. Stütze deine Aussagen durch Textbelege.
- Orientiere dich dazu an den Kriterien für eine Charakterisierung in der Checkliste in Aufgabe 4.

4 Überprüfe deine Charakterisierung mithilfe der folgenden Checkliste. Verbessere deinen Text im Anschluss

Checkliste: Eine literarische Charakterisierung schreiben	☺	☹	Verbesserungsvorschläge
<u>Vorarbeit</u> • Textstellen ausführlich markiert.			
<u>Einleitung</u> • Titel, Autor, Textsorte und Thema wurden genannt. • Der Inhalt wurde kurz zusammengefasst.			
<u>Hauptteil</u> • Äußere Merkmale wurden beschrieben. • Lebensumstände wurden dargestellt. • Innere Merkmale wurden herausgearbeitet. • Beziehung zu anderen Figuren wurde untersucht.			
<u>Schluss</u> • Die Ergebnisse wurden noch einmal zusammengefasst. • Die Figur wurde beurteilt.			
<u>Formales</u> • Wichtige Aussagen sind mit Zitaten belegt. • Es wurde im Präsens geschrieben.			

Selbsteinschätzungsbogen
a6ee24

Es steht in der Zeitung ...

Sich in Zeitungen orientieren

1 Lies die Textauszüge. Unterstreiche alle wichtigen Informationen.

Der Flugverkehr im direkten Umfeld kam zum Erliegen. Landebahnen blieben gesperrt und Flüge mussten verlegt werden. Die höchste Alarmstufe wurde ausgerufen. Mehr als 6000 Menschen mussten ihre Wohnungen verlassen.

Am 22. April brach der Vulkan das erste Mal aus. Er schleuderte tonnenweise Asche in den Himmel. Dächer konnten dem Gewicht nicht standhalten und stürzten ein. An den Hängen des Vulkans bildeten sich Schutt- und Schlammströme, teilte der Katastrophendienst mit.

Im Umkreis von 20 Kilometern um den Krater konnten die Menschen rechtzeitig evakuiert werden. Die Asche bedeckte in kurzer Zeit Häuser und Straßen.

Der Nationale Geologische Dienst gab die Auskunft, dass eine dritte Eruption noch stärker werden könnte.

Es bildete sich eine kilometerhohe, pilzförmige Wolke aus Asche und Rauch. Noch aus 100 Kilometern Entfernung war sie gut sichtbar.

Der zweite Ausbruch im Süden Chiles folgte am Donnerstag. In den Morgenstunden war der Vulkan mehrere Stunden aktiv.

Die Staatchefin Chiles will umgehend die Betroffenen besuchen und Hilfsmaßnahmen absprechen.

Nach mehr als vierzig Jahren brach der 2003 Meter hohe Vulkan Calbuco aus. Die Aschewolke erreichte mit 15 Kilometern eine noch größere Höhe als vor 40 Jahren.

Nach mehr als vierzig Jahren brach der 2003 Meter hohe Vulkan Calbuco aus. Die Aschewolke erreichte mit 15 Kilometern eine noch größere Höhe als vor 40 Jahren.

Er gehört zu den 90 aktiven Vulkanen in Chile. Gefährlich wird es, wenn sich durch Regen die Schutt- und Schlammströme in Bewegung setzen.

Ungefähr eineinhalb Stunden dauerte der erste Ausbruch. Rund um den Krater regnete die Asche nieder. Sie erreichte eine Höhe von 50 Zentimetern.

2 Welches Bild würdest du für einen Zeitungsbericht zum Ausbruch des Calbuco verwenden? Begründe deine Entscheidung.

Ich würde Bild ______ nehmen, weil ____

____

A

B

3 Verfasse mithilfe der Informationen einen Bericht über den Vulkanausbruch.
- Ordne die Informationen in eine sinnvolle Reihenfolge, indem du sie nummerierst.
- Überlege dir eine passende Überschrift und eine Unterzeile.
- Fasse die wichtigsten Informationen am Anfang des Berichts in ein bis zwei Sätzen zusammen. Formuliere mit eigenen Worten.
- Schreibe die weiteren Informationen in einer logischen Reihenfolge auf. Achte auf eine sachliche Sprache.

Werbung ist überall

Sich in der Welt der Werbung orientieren

1 Sieh dir die Werbeanzeige an. Schreibe in einem Satz auf, wofür geworben wird.

Akku leer? Wie wär's mit einem Glas frischer Milch? Denn die ist nicht nur erfrischend und lecker, sie enthält zudem eine Menge Nährstoffe, die Sie und Ihren Körper gestärkt durch den Tag bringen. Das ist

voll Milch.

2 Beschreibe in einem Satz, wie die Anzeige auf dich wirkt.

3 Benenne die Elemente der Werbeanzeige und ihre jeweilige Funktion.

4 Erkläre den Slogan der Werbeanzeige mit eigenen Worten.

5 Erkläre, wie die Anzeige aufgebaut ist. Beantworte dazu die folgenden Fragen.

- Was ist abgebildet?

___

___

- Was fällt dir als Erstes auf?

___

___

- Wo befindet sich der Text in der Anzeige?

___

___

- Mit welchen Mitteln erzeugt die Anzeige Aufmerksamkeit?

___

___

6 Lies noch einmal den Werbetext. Fasse die wichtigsten Informationen in Stichpunkten zusammen.

___

___

___

___

7 Überlege dir drei geeignete Werbeträger für die Anzeige. Begründe deine Entscheidung.

1. ______ Begründung: ______
2. ______ Begründung: ______
3. ______ Begründung: ______

8 EXTRA Überlege dir einen Slogan für eine Milchwerbung. Verwende dabei die sprachlichen Mittel der Werbung.

___

___

___

___

Selbsteinschätzungsbogen 93e3xg

Liebesbotschaften früher und heute

Die Vielfalt der Sprache(n) untersuchen

Cro

Traum

Yeah, Baby nimm' meine Hand!
Ich hab alles schon gepackt.
Komm wir beide gehen weg von hier.

Sieh der Jet ist getankt.
Ich hab Geld auf der Bank,
Und noch jede Menge Plätze hier.
Und immer wenn Du einsam bist
Komm' ich rum' Du musst nie wieder alleine sein.
Denn immer wenn ich Dich seh'
Macht es in mir Tick Tick Boom,
So wie Dynamite.
Aha, und alle anderen Girls
Wären gern wie du.
Aha, Denn du bist wunderschön
Und gefährlich klug.

Ey jo! Und ich hoff' dass du mich siehst,
Ich bin verliebt
Und hab kein' Plan ob es dich gibt

Refrain
Doch manchmal träum' ich nur von Dir.
Bitte sag was muss ich tun dass Du mich hörst!
Denn ich wär heut so gern bei dir
Und ich glaub ich fänd es cool wenn du mir gehörst.
Ich fühl mich so allein,
Weiß nicht obs dich gibt.
Und egal wie laut ich schrei, sie hört mich nicht.
Doch sie ist grade irgendwo und denkt vielleicht an mich.
Hey Baby bitte schreib wenn es dich gibt!

Jeden Tag unterwegs und ich seh' viele Girls,
Aber Baby ey ich find dich nicht.
Und es gibt so viele Girls
Die behaupten sie wärn Du,
Doch ich sage man das stimmt doch nicht.
Doch ich hab echt kein Plan und ich frag mich ob Du
Überhaupt meine Sprache sprichst.
Doch Du bist eine von denen die man nicht suchen darf,
Sondern irgendwann mal auf der Straße trifft.
Aha, und Baby ich schrieb jedes Lied für dich.
Aha, doch bin alleine denn sie sieht mich nicht.
Aha, ich hoff' dass es geschieht, ich bin verliebt,
Doch hab kein' Plan ob es Dich gibt.

Refrain

Baby warte nicht so lange,
Denn ich bin nicht gerne alleine
Und bemerke jede Nacht mein Bett ist zu groß.
Deshalb hätt' ich gerne dich an meiner Seite.
Ich kann nur noch an dich denken,
Man es lässt mich einfach nicht los!
Und wenn du mich da draußen grade hörst,
Dann bitte warte kurz auf mich.
Ich bin direkt bereit und fahr los.
Doch wenn nicht, gehe ich einsam ins Bett
Und hoff' das ich gleich wieder penn'.

Refrain

1 Lies den Songtext. Nenne das Thema in einem Satz.

2 Beschreibe die Form des Textes. Gehe dabei auf die Strophen, das Reimschema und das Metrum ein.

3 Untersuche die Sprache des Textes. Bearbeite dafür die folgenden Aufgaben.
- Markiere acht verkürzte Wörter gelb.
- Unterstreiche Metaphern und Vergleiche.
- Kreise Anglizismen ein.
- Unterkringel Ausrufe und Begriffe aus der Jugendsprache.
- Untersuche die Satzstruktur und die Zeichensetzung. Beschreibe die jeweiligen Auffälligkeiten.

4 Untersuche mithilfe deiner Ergebnisse aus Aufgabe 3 die Sprache des Songtextes und seine Wirkung. Belege deine Aussagen mit Textzitaten.

5 Beschreibe die Absicht des lyrischen Ichs. Nenne seine Gefühle. Belege deine Aussagen mit Textzitaten.

6 EXTRA Verfasse eine Antwortstrophe zu dem Lied, in der deutlich wird, wie du die Vorgehensweise des lyrischen Ichs findest.

Selbsteinschätzungsbogen bc5r3r

Zukunftswelten

Nachdenken über Sprache/Argumentieren

1 Lies den Text. Markiere die Pro- und Kontra-Argumente in unterschiedlichen Farben.

Sollen Schüler mit der Hand schreiben?

„Ja", sagt Udo Beckmann vom Lehrerverband Bildung und Erziehung. „Denn wer mit Stift und Papier schreibt, trainiert auch das Gehirn." Armin Stadler, Schulleiter des Internat Schloss Neubeuern in Bayern, ist anderer Meinung. Seine Schüler arbeiten im Unterricht papierfrei – am Laptop.

Wer mit Stift und Papier schreibt, trainiert viele Dinge zur selben Zeit. Hände und Finger werden geschickt und geschmeidig –„Feinmotorik" nennen Experten das. Wer nur am Computer tippt, führt immer die gleiche simple Bewegung aus und schränkt sich damit ein. Vor allem wenn man – wie viele Kinder und Jugendlich – die Tastatur nur mit zwei oder drei Fingern bedient.
Auch für das Gehirn ist Mit-der-Hand-Schreiben wichtig: Wissenschaftler haben herausgefunden, dass Informationen viel besser im Kopf hängen bleiben, wenn man sie einmal aufgeschrieben hat, wenn sie „durch die Hand gegangen" sind.
Viele Computerprogramme machen es dem Nutzer sehr leicht. Zu leicht, wie ich finde: Gibt man die ersten paar Buchstaben eines Wortes ein, ergänzt der Rechner oft den Rest. Rechtschreibfehler werden automatisch korrigiert. Und wer etwas vergessen hat, fügt es am Computer einfach nachträglich ein. Kinder verlernen dadurch, von Anfang an richtig nachzudenken und etwas geordnet aufzuschreiben. Das ist doch sehr schade. Deshalb finde ich es wichtig, dass zumindest in der Schule regelmäßig mit der Hand geschrieben wird. Vor dem Computer sitzen nämlich viele Schüler in ihrer Freizeit schon lange genug.

Computer sind nicht nur zum Spielen und Internetsurfen da. Kinder sollten lernen, dass man damit auch richtig arbeiten kann und muss.
Im Berufsleben wird vorausgesetzt, dass Bewerber wie selbstverständlich mit dem Computer umgehen [...] Wenn man sie schon in der Schule daran gewöhnt, fällt es später leichter.
Wer längere Texte am Computer schreibt, spart eine Menge Zeit, wenn er weiß, wie man richtig tippt. Mit dem Zehnfingersystem ist man mindestens um ein Fünftel schneller als jemand, der mit Stift und Papier arbeitet. Außerdem: Wenn man sich verschreibt oder etwas ergänzen will, kann man das am Bildschirm ganz einfach tun, ohne herumzuschmieren. Das heißt aber nicht, dass man vorher nicht darüber nachdenken muss, was man schreiben will: Auch unsere Schüler überlegen, wie sie eine Gedichtanalyse aufbauen, bevor sie lostippen. Sie machen sich Notizen auf Schmierpapier – und das manchmal auch mit der Hand.
Natürlich ist es wichtig, dass Kinder auch mit Papier und Stift schreiben können und je nach Situation entscheiden, was angemessen ist. Einen Brief mit der Hand zu schreiben ist zum Beispiel etwas ganz Besonderes.

2 Sammle die Argumente für und gegen das Schreiben mit der Hand in der folgenden Tabelle. Ordne sie anschließend nach ihrer Wichtigkeit, indem du sie nummerierst.

Argumente <u>für</u> das Schreiben mit der Hand	Argumente <u>gegen</u> das Schreiben mit der Hand

3 Verfasse eine schriftliche Argumentation zu dem Thema. Entscheide dich für eine Position. Nutze deine Ergebnisse aus Aufgabe 1 und 2. Beginne mit einer Einleitung, in der das Thema und die These genannt werden.

4 Schreibe einen Hauptteil mit drei Argumenten. Beginne mit dem weniger wichtigen und ende mit dem wichtigsten Argument. Belege deine Aussagen mit Beispielen.

5 Schreibe einen Schluss zu deiner Argumentation. Gehe dabei auf die Einleitung ein und verdeutliche deine Position.

6 Überprüfe deine Argumentation mithilfe der Checkliste aus dem Schülerbuch auf Seite 167. Verbessere deinen Text gegebenenfalls.

Liste der Konjunktivformen

Grundform/ Infinitiv	3. Person Präsens Indikativ	3. Person Konjunktiv I	3. Person Präteritum Indikativ	3. Person Konjunktiv II	Umschreibung mit *würde*
befehlen	er befiehlt	er befehle	er befahl	er befähle	er würde befehlen
beißen	er beißt	er beiße	er biss	er bisse	er würde beißen
biegen	er biegt	er biege	er bog	er böge	er würde biegen
binden	er bindet	er binde	er band	er bände	er würde binden
bitten	er bittet	er bitte	er bat	er bäte	er würde bitten
blasen	er bläst	er blase	er blies	er bliese	er würde blasen
bleiben	er bleibt	er bleibe	er blieb	er bliebe	er würde bleiben
brechen	er bricht	er breche	er brach	er bräche	er würde brechen
bringen	er bringt	er bringe	er brachte	er brächte	er würde bringen
denken	er denkt	er denke	er dachte	er dächte	er würde denken
dürfen	er darf	er dürfe	er durfte	er dürfte	er würde dürfen
empfehlen	er empfiehlt	er empfehle	er empfahl	er empfähle	er würde empfehlen
essen	er isst	er esse	er aß	er äße	er würde essen
fahren	er fährt	er fahre	er fuhr	er führe	er würde fahren
fallen	er fällt	er falle	er fiel	er fiele	er würde fallen
fangen	er fängt	er fange	er fing	er finge	er würde fangen
finden	er findet	er finde	er fand	er fände	er würde finden
fliegen	er fliegt	er fliege	er flog	er flöge	er würde fliegen
fliehen	er flieht	er fliehe	er floh	er flöhe	er würde fliehen
fließen	er fließt	er fließe	er floss	er flösse	er würde fließen
fressen	er frisst	er fresse	er fraß	er fräße	er würde fressen
frieren	er friert	er friere	er fror	er fröre	er würde frieren
geben	er gibt	er gebe	er gab	er gäbe	er würde geben
gehen	er geht	er gehe	er ging	er ginge	er würde gehen
geschehen	es geschieht	es geschehe	es geschah	es geschähe	es würde geschehen
gewinnen	er gewinnt	er gewinne	er gewann	er gewänne	er würde gewinnen
gießen	er gießt	er gieße	er goss	er gösse	er würde gießen
graben	er gräbt	er grabe	er grub	er grübe	er würde graben
greifen	er greift	er greife	er griff	er griffe	er würde greifen
haben	er hat	er habe	er hatte	er hätte	er würde haben
halten	er hält	er halte	er hielt	er hielte	er würde halten
hauen	er haut	er haue	er haute	er haute	es würde hauen
heißen	er heißt	er heiße	er hieß	er hieße	er würde heißen
helfen	er hilft	er helfe	er half	er hälfe/hülfe	er würde helfen
kennen	er kennt	er kenne	er kannte	er kennte	er würde kennen
klingen	es klingt	es klinge	es klang	es klänge	es würde klingen
kommen	er kommt	er komme	er kam	er käme	er würde kommen
können	er kann	er könne	er konnte	er könnte	er würde können
kriechen	er kriecht	er krieche	er kroch	er kröche	er würde kriechen
lassen	er lässt	er lasse	er ließ	er ließe	er würde lassen
laufen	er läuft	er laufe	er lief	er liefe	er würde laufen
lesen	er liest	er lese	er las	er läse	er würde lesen
liegen	er liegt	er liege	er lag	er läge	er würde liegen
lügen	er lügt	er lüge	er log	er löge	er würde lügen
messen	er misst	er messe	er maß	er mäße	er würde messen
mögen	er mag	er möge	er mochte	er möchte	er würde mögen
müssen	er muss	er müsse	er musste	er müsste	er würde müssen
nehmen	er nimmt	er nehme	er nahm	er nähme	er würde nehmen